DIE
VIER
ELEMENTE

WASSER

Claudia van der Sluis

DIE VIER ELEMENTE

TEIL 2

DAS ELEMENT WASSER

IRIS
Bücher & mehr

Hinweis des Verlages:
Die Empfehlungen, Behandlungsmethoden, Informationen, Übungen, Rezepte, Aussagen usw. in diesem Buch wurden von der Autorin und dem Verlag mit größter Sorgfalt geprüft. Die Autorin und der Verlag übernehmen jedoch keinerlei Haftung für eventuelle Schäden, die durch den Gebrauch oder Mißbrauch der Informationen in diesem Buch entstehen.
Die Informationen in diesem Buch sind für Interessierte gedacht und sind nicht als Therapie- und Diagnoseanweisung im medizinischen Sinne zu verstehen.

ISBN 90 6361 019 X

Die Originalausgabe erschien unter dem Titel:
Water – De Vier Elementenreeks, Deel 2

Weitere Informationen über unsere Titel:
www.irisbuch.com

Umschlaggestaltung: Studio Paul C. Pollmann
Satz und Layout: Rufus C. Camphausen
Übersetzung aus dem Niederländischen: Jolanda ter Berg

INHALT

VORWORT

Sprudelnde Quellen, stille Moorseen, zerstörerische Flutwellen, liebliche Flüsse oder brechende Brandung, die auf einem breiten Sandstrand ausrollt... Wasser durchläuft einen ewigen Kreislauf, vom Regentropfen zum Ozean, vom Bach zum Fluß, getrunken von Pflanzen, Tieren und Menschen. Um dann wieder zu verdampfen und sich in Tau- oder Regentropfen zu verwandeln. Ein endlos sich wiederholender Prozeß mit unzähligen Varianten.
Wasser bestimmt nicht nur unsere äußere und innere physische Welt. Als eine von ganz wenigen Lebensformen sind wir in der Lage, Wasser aus unserem Körper fließen zu lassen, wenn wir emotional berührt sind: Wir können weinen. Unsere Gefühle, die ebenso wie Ebbe und Flut vom Mond beeinflußt werden, erweisen sich als ebenso fließend wie die Gewässer der Erde.

Seit kurzem ist wissenschaftlich belegt, daß Wasser selbst lebt. Es paßt sich stets seiner Umgebung an und ist offenbar ohne Begrenzung beeinflußbar. Wenn man beispielsweise liebevoll zu Wasser spricht oder es mit schöner Musik beschallt, verwandelt es sich in einen gesunden und für Körper und Geist heilsamen Trank. Wenn man es aber mißachtet und gleichgültig damit umgeht, oder schlimmer noch, es mit Chemikalien aller Art voll pumpt, dann wird das Wasser zur unberechenbaren Zeitbombe.
Unreguliertes, frei strömendes Wasser hat eine reinigende, heilende und selbst regenerierende Wirkung. Ähnlich ist es mit unseren Gefühlen, unserem sechsten Sinn, unserem Körper, unserem Blut. Es ist in uns und um, uns, wir trinken und leben es.
Nun müssen wir nur noch lernen, richtig damit umzugehen.

Claudia van der Sluis

HINTERGRÜNDE ZUM ELEMENT WASSER

Alles Leben auf Erden kommt aus dem Wasser. Täglich wird uns die Wichtigkeit dieses Elements vor Augen geführt, das, ebenso wie die anderen Elemente auch, die Grundlage von allem ist. Erde ist fest, Feuer ist versengend und Luft ist unfaßbar, Wasser ist das veränderlichste und vielleicht auch grenzenloseste und unendlichste der Elemente. Es ist überall und paßt sich seiner Umgebung an, in positiver wie in negativer Hinsicht. Ebenso wie Luft und Erde unverzichtbare Bedingungen für unser Überleben sind, ist auch Wasser für uns lebensnotwendig. Nur kurze Zeit, drei, sechs oder vielleicht zehn Tage kommen wir ohne Wasser aus. Das hängt vom Flüssigkeitsgehalt des Körpers ab. Wenn Sie erst ausgetrocknet sind, sterben Sie einen schmerzvollen Tod.

Wasser ist überall

Ehedem bestand unser Planet aus einem riesigen Meer, das einen gigantischen Kontinent namens Pangäa umgab. Im Laufe der Erdgeschichte zerbrach dieser Kontinent und die kontinentalen Platten trieben auseinander. Es entstanden Brüche, neue Flüsse, Meere, fruchtbare und unfruchtbare Gebiete. Die Veränderung des Magnetfeldes der Erde ist hierbei ein evolutionärer Faktor gewesen. Heute zählen wir sieben Kontinente, die aufgrund vulkanischer Tätigkeiten im Meer und an Land ständig in Bewegung sind.

Der größte Ozean der Gegenwart ist der Stille Ozean oder Pazifik, der eine Oberfläche von rund 165,3 Millionen qkm hat. Seine Wassermassen bedecken gut ein Drittel unseres Planeten. Der Pazifik liegt zwischen Amerika und Asien. Der zweitgrößte Ozean ist der Atlantik zwischen Europa/Afrika und Amerika. Das drittgrößte Meer ist der Indische Ozean. Alle drei vereinigen sich auf der Südhalbkugel im Antarktischen Ozean. Um den Nordpol herum erstreckt sich das Nordmeer, welches größtenteils von Eis bedeckt ist.

Wasser ist eine Welt für sich. Unser tägliches Leben ist schon nicht gerade ein Stilleben, doch was sich im Wasser der Meer tagtäglich abspielt, ist ein un-

Wechsel des erdmagnetischen Feldes (Umpolung)

Manche Wissenschaftler riskieren ihre Reputation, indem sie sagen, daß innerhalb der nächsten hundert Jahre eine Umpolung des erdmagnetischen Feldes stattfinden werde. Andere halten dies erst in rund zweitausend Jahren für wahrscheinlich.

Diese Umpolung findet vermutlich rund alle 13.000 Jahr statt und kann verschiedenen Ursachen haben. Möglicherweise führen leichte Veränderungen des magnetischen Feldes unseres Planeten zu einer Umpolung oder magnetische Schwankungen auf der Sonne lösen sie aus. Die Umpolungen können eine Erklärung für weltweite Katastrophen wie etwa die Sintflut sein, die immer wieder Zivilisationen vernichtet haben.

beschreibliches Schauspiel voller Dramatik und unfaßbarer Schönheit. Zuschauer können es in vollen Zügen genießen, solange sie außer Reichweite der Zähne eines zufällig vorbei schwimmenden hungrigen Hais bleiben. Riesige Riffe, Felsen, Klüfte, unterseeische Vulkane, versunkene Tempel und Straßen, die in stille Lagunen führen, regen unsere Vorstellungskraft an. Das Leben in der See ist atemberaubend und von fragiler Pracht, die sich nicht selten als für uns lebensgefährlich erweist. Auch unter Wasser trügt der Schein. Tiere stellen einander nach und fressen sich gegenseitig. Das eine sieht faszinierender aus als das andere. Das friedliche Miteinander in einem Riff steht in schrillem Kontrast zu den ungeahnten Freßattacken, in die sie plötzlich angesichts eines schmackhaften Happens verfallen. Dabei erweisen sich die schönsten Exemplare häufig als die brutalsten Killer. Das Leben unter Wasser ist nicht friedlicher als das an Land, wenn es auch auf den ersten Blick so aussehen mag. Ob groß oder klein, auf jedem Niveau finden sich Mord und Totschlag. Menschen, Säugetiere, Insekten und Pflanzen stehen da nicht alleine. Jedes Lebewesen kämpft ums Überleben.

Das Wasser und der Mensch

Der Mensch hat eine Haßliebe zum Wasser. Wasser ist der Quell allen Lebens, dachten auch unsere Vorfahren. Ohne Wasser geht es nun einmal nicht. Seit Jahrhunderten bemüht sich der Mensch aber auch, die Kräfte des Wassers zu zähmen, so wie er es bei anderen Naturkräften

auch versuchte. Er nahm die Erde unter den Pflug, mit allen Folgen, die wir heute kennen. Er meisterte den Luftraum mit Hilfe fliegender Maschinen und entdeckte, was man mit dem Feuer alles machen kann.
Doch gewinnt in diesem Wettstreit nicht immer der Mensch. In den Niederlanden beispielsweise drohen immer wieder Überflutungen durch die Nordsee, weil das Land flach ist und teilweise unter dem Meeresspiegel liegt. Umfangreiche Deichbauten schützen Land und Menschen. Doch manchmal brechen die Deiche unter dem Ansturm der Meeresfluten. So etwa im Jahre 1953, als Tausende von Niederländern ihr Leben verloren. Weltweit kommt es immer wieder zu verheerenden Fluten. Die berüchtigten Tsunamis im japanischen Meer, durch unterseeische Beben ausgelöste Riesenwellen von gigantischen Ausmaßen, sind da nur ein Beispiel. Hiergegen ist der Mensch machtlos, selbst wenn wir unser Bestes versuchen. Wir schützen uns aber nicht nur vor dem Wasser, wir benutzen es auch. Ausreichend Trinkwasser zu finden, ist keine leichte Aufgabe. Aber auf einem Planeten, der von soviel Wasser bedeckt ist, sollte doch auch genug Trinkwasser für alle vorhanden sein? So ist es aber nicht. Nur knapp 2 % des verfügbaren Wassers sind Süßwasser, also als Trinkwasser verwendbar. Der Rest ist für uns ungenießbares Salzwasser. Und was wir auf der einen Seite mit hochentwickelten Wasseraufbereitungsanlagen zu konsumierbarem Trinkwasser verarbeiten, verschmutzen wir auf der anderen Seite durch Industrieeinleitungen und sonstige Abwässer.
Wir selbst bestehen ebenfalls zu einem großen Teil aus Wasser. Faktisch tragen wir alle das Meer in uns. Blut ist vergleichbar mit Meerwasser. In dieser Hinsicht ähneln sich Erde und Mensch sehr (mehr dazu im Buch über das Element Erde). Unser Planet besteht zu 70 % aus Wasser, der Mensch zu 70 % aus Blut und anderen Körperflüssigkeiten.
Um leben zu können, müssen wir ständig unsere Wasserreserven auffüllen und täglich mindesten 2,5 Liter Wasser ‚nachtanken'. Wir verlieren permanent Feuchtigkeit durch Schwitzen, Ausatmen usw. Das Trinken ist daher für uns von grundlegender, Leben erhaltender Bedeutung. Alles, was in unserem Körper geschieht, läuft unter der Mitwirkung von Wasser ab. Vom Kauen und Schlucken der Nahrung (Speichel) bis

zum Ausscheiden der Reste (Urin etc.). Reichlich Wasser zu trinken ist notwendig, um sich gesund zu erhalten und wohl zu fühlen.
Manche Forscher behaupten, daß wir Menschen von Meerestieren abstammen und das Fehlen von Fell, welches unsere entfernten Artgenossen, die Affen, so reichlich haben, begründen sie mit unserer Herkunft aus dem Wasser. Das würde auch unsere Vorliebe fürs Wasser erklären.

Austrocknungsprozeß

Ob wir wollen oder nicht, ab unserer Geburt unterliegt unser Körper permanenten Veränderungsprozessen, die u.a. auch zum Austrocknen unseres größten Organs, der Haut, führen. Und dagegen ist kein Kraut gewachsen. Diesem Prozeß sehen wir mit großem Bedauern hilflos zu, denn die wichtigsten Worte in unserem modernen Leben lauten jung und frisch; Falten passen da gar nicht dazu. Die meisten Frauen wünschen sich eine möglichst zarte Babyhaut und tun alles dafür, diese zu kriegen. Aus diesem Traum müssen wir diese Damen nun leider erwecken. Babyhaut besteht noch zu 79 % aus Wasser. Dieser Wasseranteil nimmt mit zunehmendem Alter stetig ab. Um das dreißigste Lebensjahr herum liegt er bei 70 %, um das siebzigste Lebensjahr bei noch gerade 60 %. Kein Wunder, daß alte Menschen despektierlich mit verschrumpelten Äpfeln verglichen werden. Und daher gibt es auch eine gigantische Nachfrage nach Pflegeprodukten, die der Haut verlorene Feuchtigkeit zurückgeben und dadurch auch ältere Haut wieder straffer aussehen lassen sollen. Zum Bedauern vieler Frauen und auch Männer ist es der Kosmetikindustrie aber bislang nicht gelungen, die ultimative Creme dafür zu entwickeln. Hier macht man sich die Schätze des Meeres zu Nutze, Seetang und Algen beispielsweise, die in zahlreichen Faltensälbchen enthalten sind. Unsere Ozeane enthalten einen riesigen Vorrat an Mineralien und anderen Produkten, die uns fit wie ein junger Hund fühlen lassen könnten. Doch Vorsicht ist geboten, denn wir verschmutzen unsere Meere immer mehr.

Wasservergnügen

So unglücklich uns Wasser auf der einen Seite machen kann, so glücklich macht es uns auf der anderen Seite. Dabei reicht schon wenig aus, uns Glücksgefühle zu bescheren, das Rauschen des Meeres am Strand, das Spiel des Windes mit den Wellen. Der durchschnittliche Urlauber verreist alljährlich ein paar Wochen in die Sonne und ans Meer, wo er sich mit vielerlei Wassersportarten vergnügt und fröhlich in der Sonne brät. Nichts macht ihn so zufrieden, wie das Herumtoben im Wasser, kleine Ausflugstouren mit dem Segelboot, eine Runde Wasserski oder ein flotter Ritt über die Wellen mit dem Motorboot, die Haare flatternd im Seewind. Wer da einmal auf den Geschmack gekommen ist, kann gar nicht mehr ohne. Blaues Meer, weißer Strand und strahlende Sonne sind die ultimativen Glücksfaktoren für fast jeden von uns. Auch eine ordentliche Wanderung durch die Frühlings- oder Herbstsonne entspannt herrlich. Doch immer wieder suchen wir das Wasser, auch im Wintersport, dann allerdings in seinem fest Aggregatzustand als Schnee und Eis.

Es gibt viele Freizeitannehmlichkeiten, die wesentlich mit Wasser zu tun haben. Ein Saunagang beispielsweise oder der Besuch eines Türkischen Bades (Hamam), ein Wellenbad, wo man auch bei 10° C unter Null gemütlich unter dem schneebedeckten Glasdach seine Runden im angenehm temperierten Wasser drehen kann. Ganz zu schweigen von Sprudelbädern, Unterwassermassagen oder Thalassotherapien (siehe S. 39). Wir suchen das Wasser auf, weil es eben einen sehr hohen Spaßfaktor für uns hat. Um uns kurz zu erfrischen oder zu relaxen, nehmen wir zu Hause ein Bad oder springen unter die Dusche. Auch in der Heilkunde nutzt man das Wasser, beispielsweise in der Hydrotherapie. Ob Sie die Heilkraft des Wassers in Kurorten nutzen oder zu Hause, vielleicht in Kombination mit Aromatherapie, bleibt Ihnen überlassen. Gesund und angenehm sind beide Varianten.

Norden, Osten, Süden, Westen ...

Wasser gehört zum Westen und zum kühlen Herbst. Die Fähigkeiten des Wassers sind fast grenzenlos: liebevoll, herzlich, mystisch, hellsichtig und reinigend.

Wassermenschen sind in der Lage, andere mit ihrer Energie zu unterstützen und zu verstehen. Wenn man die Erdzeichen als Erbauer der Welt betrachtet, weil sie konkrete Gedanken in die Praxis umsetzen, die

Luftzeichen sich all das ausdenken, was später einmal Realität werden könnte, und Feuerzeichen die Dinge wirklich in Gang setzen, dann sind die Wasserzeichen diejenigen, die all das unterstützen und mit ihrer Phantasie die äußersten Grenzen erkunden. Sie sind die emotionalsten aller Tierkreiszeichen. Sie unterscheiden sich intern wie die vielen Varianten des Wassers auf der Erde. Bei den einen strömen die Emotionen unsichtbar unter der Haut und brechen ab und zu wie bei unterseeischen Vulkanen hervor (Skorpione), andere lassen sich gemächlich im Strom ihrer Phantasien und medialen Gaben treiben (Fische), die dritten verfügen über ein erstaunliches Einfühlungsvermögen und nehmen sich damit ihrer Mitmenschen an, wie die Krebse es tun.
Diese Fähigkeiten können aber auch über die Ufer treten. Auch die Wasserzeichen selbst geraten oft in den Strudel ihrer eigenen Gefühle und drohen darin zu versinken. Da heißt es dann, schnell ans Ufer schwimmen und wieder zu Atem kommen…

DIE GESCHICHTE DER ELEMENTE

Alles ist Wasser und Wasser ist nicht erklärbar, unterstellt der griechische Naturphilosoph, Kaufmann, Astronom und Politiker Thales von Milet (ca. 624 - 545 v.Chr.). Er glaubte, daß der Mensch überwiegend aus Wasser besteht. Wasser ist der einzige Stoff, der in festem, flüssigem und gasförmigen Zustand vorkommt. Vermutlich kam Thales durch die Beobachtung der Menschen zu seiner Theorie, die tatsächlich zu großen Teilen aus Feuchtigkeit bestehen und der Erde, die von soviel Wasser bedeckt ist, namentlich der griechischen Inselwelt im Mittelmeer. Milet, Thales Wohnort, war zur damaligen Zeit ein stark frequentierter Seehafen. Hier erlebte er tagtäglich, welche Bedeutung Wasser in verschiedenster Hinsicht hat.

Höhere Zivilisationen

Ungefähr dreihundert Jahre nach Thales beschrieb Plato in seinen Dialogen *Timäus* und *Kritias* den Untergang von Atlantis. Der rund neuntausend Jahre davor stattgefunden haben soll. In der damaligen Zeit war das Erzählen von Geschichten eine Kunst und zweifellos wurden Ort, Zeit und Details künstlerisch verfremdet. Plato ist bis jetzt die älteste nachweisbare Quelle für die Sage von Atlantis. Nach Plato mußten die Atlanter eine außergewöhnlich hoch entwickelte Zivilisation gewesen sein. Sie lebten ein einfaches, aber fruchtbares Leben. Als sich dann aber Egoismus, Korruption, Habsucht, Protzerei und Machtmißbrauch ausbreiteten, ähnlich wie heute, ging diese Kultur unter. Es dauerte einen Tag und eine Nacht, bis Atlantis in den Fluten des Meeres verschwunden war.

Mit einem Wellenschlag wurde eine hochstehende Kultur zerstört. Die Natur leistete ganze Arbeit. Dreiviertel aller Tiere starben aus, darunter das Mammut und die Säbelzahntiger. Die Kulturen wurden weggefegt, vieles ging mit ihnen verloren. Viele bezeichnen diese Untergangszeit als die große Sintflut, die alles wegspülte und die Menschen zur Besinnung kommen ließ und von ihrer Genußsucht läuterte. Als ob dies die Strafe einer Macht war, die größer ist, als wir fassen können.

Untergang

Darüber, wie die Sintflut entstand und ablief, gibt es unterschiedliche Auffassungen. Manchen nennen einen Meteoriten- oder Kometeneinschlag als Ursache, andere halten eine Umkehrung des erdmagnetischen Feldes, die rund alle dreitausend Jahre geschieht, für den Auslöser. Möglicherweise war die Sintflut auch die Folge unterirdischer Vulkanausbrüche. Es mag auch eine Kombination aus all dem gewesen sein. Große und kleine Katastrophen hat es immer wieder in der Geschichte der Erde gegeben. Immer wieder wurden dadurch Zivilisationen und Gesellschaften ausgelöscht und die Überlebenden mußten bei Null wieder anfangen.

Es fällt auf, daß weltweit ähnliche Berichte zu finden sind. Sie erzählen über frühere, hochentwickelte Zivilisationen, die plötzlich ein Ende fanden oder sich plötzlich irgendwo neu entwickelten. Überlebende dieser versunkenen Kulturen zogen vermutlich nach Indien, später entwickelten sich die persische, ägyptische, babylonische und die griechisch-römische Kultur. Sie verbreiteten ihr Wissen über die Welt und

werden von manchen Völkern als Götter betrachtet, Personen, die höher entwickelt waren und mehr wußten als sie selbst.
Die Babylonier berichten in ihren Mythen etwa von dem Gott Oannes, der halb Fisch, halb Mensch war. Sie stellten ihn mit menschlichem Unterkörper und einem großen Fischkopf dar, so wie heute manchmal Schamanen große Tiermasken tragen. Oannes was ein Lehrer, der den Menschen (altes) Wissen vermittelte und ihnen half, sich weiter zu entwickeln. Oannes steht nicht alleine da. Es gibt etliche Mythen über Götter, die aus dem Wasser kamen. Auch der weiße Inkagott Viracocha kam aus dem Wasser, allerdings reiste er auf einem Boot an. Seine Erscheinung, weiße Hautfarbe mit einem Bart, läßt vermuten, daß er aus nördlicher Richtung kam. Oder der ägyptische Gott Thot, welcher der Menschheit die Sprache und die Schrift brachte und alles mögliche lehrte. Er wird mit dem Kopf eines Ibis abgebildet, eines Wasservogels also. Wollte man mit diesen Bildern erklären, daß alles Leben aus dem Wasser stammt, so wie es später Thales formulierte?
Jedenfalls scheint es, als sei diese untergegangene Kultur, von der die Mythen berichten, stark vom Wasser geprägt gewesen. Die vielen Übereinstimmungen weltweit lassen vermuten, daß diese Kultur in der Lage war, größere Strecken per Schiff zu überwinden.

Beweise für alte Kulturen

Im Jahre 2000 wurden dreizehn Schiffe entdeckt, die aus der Zeit um 3000 v.Chr. stammen, aus der Zeit des ältesten bekannten ägyptischen Pharao der 1. Dynastie. Offenbar verfügte man schon damals über die nötige Fachkunde, hölzerne Schiffe zu bauen. Das ist insofern verwunderlich, da man aus bisherigen Ausgrabungen derartige Kenntnisse nicht ableiten konnte.
Und es gibt weitere Merkwürdigkeiten dieser Art, denen wir weltweit begegnen.
Um 3.300 v.Chr. wird die altägyptische Kultur wie aus dem Nichts in Sakkara sichtbar. Damals hatten die bisher dort lebenden Menschen wohl kaum Ahnung von Architektur, geschweige denn, daß sie in der Lage gewesen wären, so etwas wie die Pyramiden zu bauen. Aber auch das Wissen der Ägypter über die Astronomie war außergewöhnlich.

Das gleiche gilt für die Mayas. Sie entwarfen genaue Kalender, die bis auf den heutigen Tag präzise stimmen. Es stellt sich auch die Frage, was sie in die Lage versetzte, derart ausgeklügelte Bewässerungssysteme zu erbauen, wie sie es taten. Darin standen ihnen die Inkas nicht nach. Auch in beider Schrift gibt es viele Ähnlichkeiten. Beide entwickelten eine sehr detaillierte Bildersprache, aus der ein ausgeprägtes Gefühl für Symbolik ersichtlich wird. Besonders interessant ist, daß in diesen Kulturen die Traumsymboldeutung eine der angesehensten Künste war. Damals kommunizierte man vermutlich auf etwas andere Weise, als wir es heute tun, weniger über Sprache nämlich. Ein nicht unerheblicher Teil der Informationen floß vermutlich über den sechsten Sinn, über Symbole und Telepathie. Die Intuition war damals erheblich ausgeprägter entwickelt und die Symbole hatten sicherlich eine tiefere Bedeutung als heute.
In den überlieferten Bauwerken aus dieser alten Zeit vermuten manche verborgenes Geheimwissen, welches in bestimmten Baustrukturen kodiert sei. Alle Symbole korrespondierten damals mit der Natur und universellen Strukturen. Der Mensch versuchte, diese materiell zu fixieren. Schrift und Sprache waren damals noch nicht nötig, da man auf andere Weise kommunizierte. Diese Weisheiten überliefern beispielsweise die alten Mysterienschulen und auch die Alchemie (s. im Buch über das Element Feuer) nutzte diese Strukturen.

Die Sphinx

Neuere Forschungen ergaben, daß die Sphinx von Gizeh älter sein muß, als bisher angenommen. Sie zeigt Erosionsspuren, die eindeutig von Flutwellen oder heftige Regenfälle vor sehr langer Zeit resultieren. Man vermutet, die Statue sei um 10.500 v.Chr. errichtet worden, also noch vor der Sintflut, im Zeitalter des Löwen. Details an der Sphinx selbst legen diese Datierung nahe. Zur Zeit der alten Ägypter erhielt die Sphinx einen neuen Kopf, der nach dem Vorbild des damaligen Pharao Chefren gestaltet wurde. Trotz solcher Hinweise fällt eine genauer Datierung der Sphinx schwer. In den 1980er Jahren hat man z.B. nach dem Ausbruch des Mount St. Hellen neu gebildetes Gestein entdeckt, das Jahrmillionen alt zu sein schien, obgleich es gerade erst erkaltet war. Eine wissenschaftliche Analyse der Magnetismusverteilungen in Lavaschichten hat ergeben, daß es Wechsel des erdmagnetischen Feldes (Umpolung) tatsächlich immer wieder gibt. Aufgrund dieser Ergebnisse steht die ganze lineare Geschichtsschreibung in Frage. Die geschichtlichen Abläufe, so wie sie aus Ausgrabungen etc. rekonstruiert wurden, stimmen offensichtlich nicht. Wahrscheinlich gibt es noch viel ältere Hochkulturen als bisher bekannt.

Noch immer sind Menschen auf der Suche nach dem Ort, wo einst Atlantis lag. Immer wieder werden neue Gegenden genannt, mal ist es Kuba, mal Indien, die Antarktis oder Gebiete im Atlantischen Ozean. Die Erforschung von Unterwassertempel, die man gefunden hat, liefern keine neuen Anhaltspunkte. Atlantis sei während einer Umpolung des erdmagnetischen Feldes buchstäblich unter die Eiskappe geschoben worden, lautet eine Theorie. Daher nehmen einige Menschen an, Atlantis befinde sich in der Antarktis. Ob Atlantis überhaupt tatsächlich jemals existierte, läßt sich nicht beweisen. Wahrscheinlicher ist, das Atlantis eine Metapher ist, mit der Plato in seinen Dialogen zeigen wollte, daß Dekadenz und Machtmißbrauch zum Untergang führen.

Die Elemente in der Heilkunde

Die Elemente stehen in enger Verbindung mit der Heilkunde. Der griechische Arzt Hippokrates (460-377 v.Chr.) kam zu dem Schluß, daß der Mensch vier Arten von Körpersäften besitzt, welche seine Gesundheit bestimmen: Blut, Schleim, gelbe und schwarze Galle.

Claudius Galenus, der bedeutendste Arzt der römischen Kaiserzeit (129 - 199 n Chr.), war ein Anhänger der hippokratischen Theorie und ging ebenso wie dieser davon aus, daß Krankheit durch ein Ungleichgewicht der vier Körpersäfte entstehe. Er entwickelte die Theorie Hippokrates' weiter und verband die physische mit der psychischen Konstitution, indem er den vier Körpersäften Temperamente zuordnete:

Luft – der sanguinische Typ; aufgeweckte Person mit einem Übermaß an Blut

Wasser – der phlegmatische Typ; ruhige Person mit einem Überschuß an Schleim
Erde – der melancholische Typ; dieser hat einen Überschuß an schwarzer Galle
Feuer – der cholerische Typ; hat ein Zuviel an gelber Galle

Als man sich dann intensiver mit der Wirkung der Stoffe und ihrer Einflüsse auf den Körper auseinandersetzte, war diese Elementelehre ein solider Ausgangspunkt für die Naturheilkunde. Und das ist bis heute so geblieben.

WASSER IN KULT, (NATUR)RELIGION UND WELTANSCHAUUNG

Wasser war immer und überall, bei allen Völker und Stämmen, von immenser Bedeutung. Die Verehrung des Wassers nahm bei den primitiven Völkern einen besonderen Stellenwert ein, da Wasser sowohl als Leben spendende als auch Leben zerstörende Kraft erfahren wurde. Das Taufen oder das Weihen mit Wasser war und ist wichtiger Bestandteil vieler Zeremonien. Beispielsweise ist der Fluß Ganges in Indien trotz aller Verschmutzung, zumindest unter Hindus, das heiligste und geliebteste Gewässer der Welt.
Eine Taufe wurde schon von babylonischen Priester vollzogen. Die Griechen tauchten einmal im Jahr zu Beginn der Eleusischen Mysterien die Neophyten ins Meer ein. Die Täuflinge wurden dann während der Festlichkeiten in die Mysterien eingeweiht.
Im Christentum geht man davon aus, daß der Mensch unrein, befleckt mit der Erbsünde, auf die Welt kommt und nur durch die Taufe rein gewaschen wird, die ihn zugleich unter den Schutz Gottes stellt.

Leben und Tod

Für unsere Ahnen war der priesterliche Segen von essentieller Bedeutung, um die Kraft des Wassers auf sich selbst übergehen zu lassen. Nicht nur beim Jahreszeitenwechsel oder bei bestimmten Ereignissen wie Geburt, Hochzeit und Tod, sondern auch vor der Aussaat, der Jagd oder einem Fischzug war der Segen des Priesters gefragt. Bei Wassermangel wurde ein Regentanz aufgeführt oder man tauchte Reiserbesen ins Wasser und besprenkelte symbolisch die Äcker damit. Das sollte Gewitterwolken und Regen anlocken. Man wußte schon damals, daß Blitze gerne in unterirdische Wasseradern einschlagen und somit entbehrten diese Bemühungen nicht einer gewissen Logik.

Besonderer Wert wurde auf verschiedene Wasserbräuche gelegt. So fürchtete man, das fremdes Wasser aus einer anderen Region Krankheiten, vor allem Hautausschlag, bringen würde. Wurde am Sonntag die Viehtränke gereinigt, dann würde das Vieh erkranken. Auch am ersten Weihnachtstag oder an Neujahr Wasser aus dem Brunnen zu holen, brachte Unglück. Ein Haus direkt über einer Quelle zu errichten, war absolut unmöglich, denn dann würde sofort jemand sterben. Die plötzliche Veränderung eines Bachlaufs oder eines Quelle verhieß nichts Gutes, dann drohte Krieg.

Bei unseren Vorfahren herrschte der Gedanke, daß alle Gewässer auf der Welt miteinander in Verbindung standen. Plötzlich sprudelnde Quellen sah man als Ein- und Ausgänge finsterer Wesen in die Unterwelt. Mit Opfern konnten böse Brunnengeister besänftigt werden.

Wasser schien auch ein geeigneter Weg zu sein, allerlei Gesindel loszuwerden. Verbrecher wurden beispielsweise lebendig oder zuvor erwürgt ins Moor gestürzt. Daraus resultieren die zahlreichen Spukgeschichten, die sich um Moore drehen.

Im Mittelalter verbrannte man Ketzer nicht nur auf dem Scheiterhaufen, sondern häufig ertränkte man die armen Opfer auch.

Quellen galten als Wohnstätten geheimnisvoller Nymphen. Diese konnte man gnädig stimmen, indem man ihnen Geld, Salz oder Brotkrumen opferte. Auf gleiche Weise bat man sie um Rat und Hilfe. In manchen Gegenden opferte man einen Teller voll mit verschiedenen Speisen, von jeder einen Löffel voll. So warf etwa die Hebamme bei einer Hochzeit ein Stück Zucker in den Brunnen, um einem gesunden Kind auf die Welt helfen zu können. Eine frisch gebackene Mutter bekam einen speziellen Weizenkeks, den eine alte Frau in drei verschiedene Quellen getaucht hatte, in aller Stille, um die Nymphen nicht zu wecken. Man machte dies, damit die Muttermilch so üppig wie die Quellen fließen möge.

Man glaubte auch an außergewöhnliche Kräfte bei Hufeisen. Diese sollten verhindern, daß sich Wasser in den Boden zurückzieht. So wurden gerne Hufeisen auf den Brunnenschacht oder in die Nähe des Brunnen gelegt, damit der Brunnen immer genug Wasser führe. Andere Bräuche, um das Wasser günstig zu beeinflussen, waren z.B.: drei-, neun- oder zwölfmal um den Brunnen gehen, von Ost nach West darüber reiten, vor dem Trinken dreimal ein Vaterunser zu beten oder erst dreimal Wasser in den Mund zu nehmen.

Hexerei

Moderne Hexerei wird häufig als eine Mondreligion betrachtet. Wasser und Mond haben eine enge Beziehung, denn der Mond bewirkt Ebbe und Flut und beeinflußt auch die Gefühle des Menschen (vgl. Kapitel *Magie und Mystik*). Hexen (männliche wie weibliche) berücksichtigen die aktuelle Phase des Mondes und feiern Mondfeste, sogenannte Esbats. Es gibt eine Reihe von Hexen, die ihr Hexenleben allein leben. Andere haben sich zu einem Hexenkreis, einem sogenannten *Coven*, zusammengeschlossen, welcher in der Regel von einer Hohepriesterin und einem Hohepriester geleitet wird, welche auch die Zeremonien ausführen. Der gemeinsame rote Faden ist immer die Suche nach der Verbindung mit der Natur und das Streben nach der Einheit mit dem Göttlichen. Darum wird Hexerei von vielen als Religion betrachtet. In den Niederlanden und Deutschland wird Hexerei, im Gegensatz zu Amerika, offiziell nicht als Religion anerkannt.

Wicca

Wicca entstand in den 1950er Jahren, als der Brite Gerald Gardner diese Naturreligion gründete. Er behauptete selbst in einem Coven von alten Hexen eingeweiht worden zu sein, die aus der traditionellen Hexe-

rei kamen. Daher führen sich Wiccas auch gerne auf die traditionelle Hexerei zurück. Sowohl Männer als auch Frauen können ein bzw. eine Wicca sein. Der Hohepriester spielt eine andere Rolle als die Hohepriesterin, welche meistens als Leiterin eines Covens gilt.
Im Mittelalter scheinen viele Hexen aufgrund der Verfolgungen in den Untergrund abgetaucht zu sein. Tatsächlich gab es zuvor eine ganze Reihe von Kulten, die von Hohepriesterinnen und Hohepriestern geleitet wurden. Die Kirche setzte dem ein Ende und verfolgte alle Menschen, die einem anderen als dem christlichen Glauben anhingen.
Nachdem Gardner durch seine Gründung der Hexerei wieder mehr Aufmerksamkeit zukommen ließ, entwickelte sich innerhalb kurzer Zeit ein lebhaftes Interesse daran und schnell entstanden überall in Europa, Amerika und Australien Covens die sich mit der Ehrung der Natur, dem Studium der natürlichen Abläufe, dem Feiern der Mondfeste, mit Wahrsagen und Magie beschäftigten. Wicca ist stark von der Freimaurerei und den Lehren des sehr umstrittenen Magiers Aleister Crowley beeinflußt. Wicca ist eine Mysterien- und Einweihungsreligion, wobei das Mitglied drei Einweihungsgrade durchlaufen muß, bevor es als eigenständiger Hohepriester bzw. Hohepriesterin einen eigenen Coven gründen darf. Man kann nur durch die Einweihung Wicca werden, wenngleich sich auch viele Solohexen, die nicht von einem Priester eingeweiht wurden, so nennen. Es gibt verschiedene Strömungen innerhalb des Wicca, z.B. die Alexandrianer und die Gardnerianer.

Traditionelle und Solohexen

Hexen, die sich *traditionell* nennen, sagen damit aus, daß sie sich nicht auf die Wicca-Weise mit ihrer Lebensüberzeugung beschäftigen. Es kann wohl sein, daß sie in einem Coven eingeweiht wurden, meist aber handelt es sich um eine selbständige Adaptation des Hexerei. Traditionelle Hexen können sowohl Solohexen als auch Covenhexen sein. Sie verehren die Große Göttin, die Große Mutter, Mutter Erde oder die Mondgöttin, weshalb man diese Weltanschauung auch als Göttinnenreligion bezeichnet. Ihre Anhänger(innen) treten damit in die Fußspuren der Priesterinnen der alten Kulte um Demeter, Aphrodite oder der ägyptischen Isis.

Manche Gruppen nennen sich auch *reclaimers* oder dianistische Hexen (nach der Göttin Diana). Die Führer dieser Covens sind fast immer Frauen, Hohepriester gibt es nicht, dafür eine Hohepriesterin, deren Rolle aber jedes Coven-Mitglied für die aktuelle Zusammenkunft übernehmen kann. Es gibt keine festen Handlungsmuster, wichtig sind aber die Frauenkünste sowie Folklore, Volksheilkunde, Kontakte zur anderen Welt, Rituale, Magie und Divination. Zusammen mit dem Begehen der Jahres- und Mondfeste und dem Umgang mit speziellen Hexengerätschaften ähnelt das alles den Praktiken der Wicca und der Solohexen. Die Unterschiede zeigen sich in der Weise der Anrufungen und der weiteren Fortsetzung des Rituals. Dianistische Hexen haben kein Buch der Schatten mit Regeln etc., die aufgeschrieben werden. Alles in allem folgt Wicca festeren Regeln und Mustern, wenngleich auch intern große Freiheiten bestehen. Es gibt noch etliche andere Hexereiformen wie z.B. keltische Hexerei, eklektische Hexerei, Meereshexerei etc., die ich hier aber nicht weiter besprechen kann.

Germanisches Heidentum

Die Germanen glaubten, daß das Leben aus Quellen entstammt und auch wieder in Quellen zurückkehrt. Am Fuße des Lebensbaums Yggdrasil befand sich ein Brunnen, in dem Odin eines seiner Augen opferte, welches als Widerspiegelung der Sonne im Wasser erscheint.

Frau Holle oder Holda ist die germanische Göttin von Geburt, Tod und Fruchtbarkeit. Sie lebt in einem Brunnen. In Deutschland und Österreich gibt es mehrere Holda-Quellen, denen magische Kräfte zugesprochen werden. Holda hat auch einen großen Einfluß auf das Wetter. Wenn sie ihre Kissen schüttelt, schneit es, wenn sie sich das Haar wäscht, regnet es auf der Erde. Mehr über das Germanischen Heidentum können Sie im Buch über das Element Luft nachlesen.

Druidentum

Auf den Britischen Inseln befinden sich zahllose berühmte Quellen, denen magische Kräfte zugesprochen werden wie etwa Chalice Well. Solche heiligen Quellen waren häufig zugleich Opferplätze oder Orte, an denen Altäre aufgestellt waren. Mehr über das Druidentum finden Sie im Buch über das Element Feuer.

Seemannsglaube

Seeleute bringen so viel Zeit auf dem Wasser zu, daß man ihnen getrost einen besonderen Blick für alles, was mit Wasser zu tun hat, unterstellen kann. Selbstredend haben sie auch ein ungeheures Wissen über die Kräfte des Wassers. Sie haben dem Wasser gegenüber eine große Ehrfurcht. Früher glaubten Seeleute, daß Frauen an Bord Unglück brachten. Auch mit dem linken Fuß zuerst das Schiff zu betreten, brachte Unglück. Und noch weitere Besonderheiten mußten beachtet werden:

- Gegenstände von einem anderen Schiff auszuleihen, war von Übel. Geschah dies durch unglücklichen Zufall doch, mußte das Ausgeliehene vor dem Zurückgeben erst beschädigt werden.
- Wenn ein Schiff den Hafen verließ, durfte keiner der Zurückbleibenden mit dem Finger hinter dem auslaufenden Schiff herzeigen. Das brachte Unglück über das Schiff und seine Besatzung.
- Es wurde auch nicht gerne gesehen, wenn jemand dem Schiff nach winkte oder ewig lange hinterher sah, denn das bedeutete nichts Gutes.
- Es war auch besser, an Bord nicht zu pfeifen, denn das galt als Ermunterung für böse Geister oder den Wind, es dem Schiff und seiner Besatzung einmal ordentlich zu geben.
- Wer eine gute Reise wünschte, warf dem auslaufenden Schiff ein Paar Schuhe hinterher.

Das Taufen eines Schiffes, verbunden mit dem Wunsch einer allzeit guten Fahrt, stammt aus dem alten Griechenland. Um die Gunst der Götter zu gewinnen, brachte man ihnen vor dem Stapellauf ein Trankopfer aus Wein, Öl oder Blut. Rotwein diente lange als Ersatz für Blut. Heute läßt man eine Flasche Champagner an der Bordwand zerschellen.

Dem Namen eines Schiffes maß man große Bedeutung zu. So galt es als nicht gut, auf einem Schiff anzumustern, welches schon einmal den Namen gewechselt hatte. Die magischen Kräfte, die bei der Taufe das

Schiff für allezeit beschützen sollten, wurden nämlich durch einen neuen Namen aufgehoben.
Zur günstigen Beeinflussung der Meereskräfte schalteten Seeleute jahrhundertelang eine Meeres- oder Seehexe ein. Diese gab ihnen dann beispielsweise einen Strick oder ein Taschentuch mit drei Knoten darin. Diese Knoten banden den Wind. Das Öffnen eines Knoten befreite den sanften Südwind, das Öffnen von zwei Knoten befreite den starken

Quellen

Zu Ostern, Pfingsten oder am Maifeiertag wurden Brunnen und Quellen häufig mit Blütenkränzen geschmückt. An Neujahr oder am 1. Mai pflanzte man neue Bäume an Bach- oder Seeufer. In Deutschland feierte man Brunnenfeste, nachdem diese zuvor gründlich gereinigt worden waren. Man ging dabei um den Brunnen spazieren oder ritt zu Pferd herum. Als Opfer warfen die Anwesenden Geld in das Wasser, ein alter Brauch, der in aller Welt zu finden ist. Während des Brunnenfestes tanzten und sangen die Kinder in ihren schönsten Kleidern um den Brunnen herum und warfen mit Steinen beschwerte Blütenkränze in das Wasser, die dann auf den Grund sanken und im klaren Wasser deutlich zu sehen waren. Das muß ein wunderbares Schauspiel gewesen sein. Tausende bunter Luftperlen blubbert, wie Diamanten und Perlen in allen Farben des Regenbogens unter der Wasseroberfläche.

Nordwind und wer alle drei Knoten zugleich öffnete, beschwor einen heftigen Sturm herauf.

FESTE ZU EHREN DES WASSERS

Die paganistischen Jahresfeste[1] zu Ehren des Elements Wasser fallen in den Herbst.

Lughnasadh – Lammas

Seit jeher war der August der Erntemonat, in dem das reife Getreide gemäht und von den Feldern geholt wurde. Ursprünglich wurde Lughnasad am ersten oder zweiten Augustwochenende gefeiert. Heutige Paganisten feiern es aber um den 1. August herum.

An Lughnasadh feiern und genießen die Menschen in großen Gruppen die Ernte, welche die Felder erbracht haben. Es gilt als das überschwenglichste alle keltischen Feste. Es wurde und wird reichlich getrunken, gelacht, getanzt und gesungen. Die Erntezeit markiert deutlich Beginn und Ende.

Den ersten Halmen, die geerntet wurden, wurden magische Kräfte zugesprochen, und sie wurden von Männern als Schutz gegen Unfälle mit sich getragen. Bei Frauen vervielfältigte sich die Schutzwirkung, wenn sie sie bei sich trugen. Die ersten Körner wurden den Mäusen geopfert. Wenn das Ende der Ernte in Sicht war, schlachtete man Vieh. Die letzten geernteten Körner wurden unter das neue Saatgut gemischt, um diesem größere Fruchtbarkeit zu verleihen. Strohpuppen wurden angefertigt und später mit großem Gejohle verbrannt.

Die Engländern nennen dieses Fest, das auch ein Brotfest ist, Lammas. Brot vereinigt die vier Elemente in sich: Salz und Mehl (Erde), Hefe (Luft), Wasser als Zutaten und Feuer durch den Backvorgang. Die irische Bezeichnung des Festes ist Lughnasadh.

Mabon – Herbstsolstitium – Herbstäquinoktium

Mabon ist das zweite Erntefest und wird am 21. September, dem Tag der Herbsttagundnachtgleiche gefeiert. Die Zeit der harten Arbeit neigt sich dem Ende zu, Land und Menschen ruhen aus. Die Tage werden kürzer, die Nächte länger. Früher fanden in dieser Zeit viele Märkte statt, die nicht nur Gelegenheit zur Beschaffung von Winterproviant

waren, sondern häufig auch für große Feste genutzt wurden: Jahrmärkte, Kirmes, Wein-, Bier- oder Hopfenfeste.
Wiccas feiern dieses Fest zu Ehren der Göttin, die dann in die Phase ihrer weisen alten Tage übergeht und zu Ehren des Gottes, der sich bereit macht, seinen Körper zu verlassen. Die Bezeichnung Mabon ist noch ganz jung und stammt aus dem Jahre 1985. Vorher hatte dieses zweite Herbstfest eigentlich keinen eigenen Namen. Die alten Druiden feierten in dieser Zeit ein Fest, welches sie Me'n Fo'mhair nannten. Darin ehrten sie den Waldgott, dem sie Früchte, Kräuter und Tränke opferten.

ENERGIEN DES WASSERS

Jeder verfügt über den sechsten Sinn, die Fähigkeit der übersinnlichen Wahrnehmung, doch der moderne Mensch scheint das vergessen zu haben. Wir sind fast gänzlich auf die irdische Realität fixiert, die wir durch unsere fünf physischen Sinne erfahren können. Das haben wir von Kind an so gelernt.
Der sechste Sinne ist per definitionem nicht Bestandteil unserer irdischen Realität. Diese ist immer ein Konstrukt auf Basis der Erfahrungen unserer fünf physischen Sinne. Wenn man aber nur über fünf Sinne verfügt, dann kann man auch nur mit fünf Sinnen erfassen.
Der sechste Sinn, auch Intuition genannt, kann Energien auf gänzlich anderer Ebene als unsere fünf physischen Sinne aufnehmen. Und je mehr Sinne man einsetzen kann, desto größer wird die erlebte Welt.

Vor langer Zeit handelten die Menschen intuitiver als heute. Unsere Urinstinkte waren stärker ausgeprägt, da wir in weniger komfortabler Umgebung überleben mußten. Der Mensch von heute hat es sich in vieler Hinsicht einfacher und bequemer gemacht. Da wir über so viele Dinge verfügen, die uns schützen, unserer Bequemlichkeit dienen oder die

Reichweite unserer physischen Sinne erhöhen (Fernseher, Telefon etc.), ist der (nicht mehr trainierte) sechste Sinn uns fremd geworden. Wir sind nicht mehr daran gewöhnt und so kann es sogar geschehen, daß wir erschrocken sind, wenn er sich plötzlich meldet. Solche Momente geben uns zu denken. Aber über ein Gefühl nachdenken oder es aktiv zu durchleben sind zwei paar Schuhe. Über den sechsten Sinne sollte man gar nicht nachdenken, sondern ihn ausschließlich erfahren. Denkt man erst darüber nach, ist die Gefahr groß, daß wir diese besondere Empfindung als Unsinn in irgendeiner dunklen Ecke unserer Erfahrungswelt ablegen. Der sechste Sinn ist aber für die Entwicklung einer Sensibilität für das übersinnlich unverzichtbar. Übung hilft, diese Fähigkeit zu entwickeln, wobei der eine mehr Veranlagung dazu hat, als der andere.

Die Epiphyse (Zirbeldrüse)

Warum der eine mystische Erfahrungen hat und der andere nicht, hat mit der Zirbeldrüse im Zentrum unseres Gehirns etwa auf Höhe des Stirnchakras (drittes Auge) zu tun. Die Zirbeldrüse ist mit dem Stirn- und dem Scheitelchakra verbunden und bildet unter anderem Dimethyltryptamine (DMT), eine starke körpereigene Droge, die zu außersinnlichen Bewußtseinszuständen führt. Diese und andere Stoffe verursachen Halluzinationen, Austretungen, tiefe Träume und andere Erfahrungen (siehe dazu auch die entsprechenden Passagen im Buch über das Element Luft).

Manche Menschen sind für übersinnliche Erfahrungen begabter als andere. Im (niederländischen) Volksmund heißt es, daß jemand *mit dem Helm geboren* sei, also paranormal begabt ist. Ein Unfall oder eine Nahtod-Erfahrung kann zur Verstärkung der übersinnlichen Fähigkeit führen. Möglicherweise wird dabei die Zirbeldrüse auf eine besondere Weise angesprochen und fungiert als Antenne für das Auffangen anderer Energien.

Bestimmte Drogen können für mystische Erfahrungen sorgen. Seit jeher werden sie bei Ritualen eingenommen und verleihen ein Gefühl der spirituellen Einheit, die sogenannte *unio mystica.* In den Dionysos-Kulten, den Eleusischen Mysterien, bei den Mayas und im Schamanismus verwendete bzw. verwendet man Halluzinogene aus Kräutern und Pilzen, die z.B. Psilocybine enthalten. Ich kann nur dringend davon abraten, mit solchen Stoffen zu experimentieren, da der Genuß mit unkalkulierbaren Gefahren verbunden ist. Es gibt auch weniger gefährliche Methoden, zu mystischen Erfahrungen zu gelangen. Das Singen von Mantras z.B., das Obertonsingen oder das Anhören von Obertongesängen verursacht Schwingungen, die auf die Zirbeldrüse einwirken.

Paranormal

Man unterscheidet zwischen Medien, also Menschen, die Kontakt zu einer andere Welt haben (z.B. mit Verstorbenen) und Menschen, die offensichtlich über weitere Sinne verfügen (z.B. hellsehen, -hören, -riechen, -fühlen können). Jemand, der medial oder paranormal veranlagt ist, kann als Bindeglied zwischen der irdisch-grobstofflichen Welt und der astral-feinstofflichen Welt fungieren. Das ist möglich, weil derjenige Schwingungen der anderen Ebene wahrnehmen kann, wie etwa ein Radio einen bestimmten Sender. Es gibt verschiedene Formen paranormaler Begabung, hier einige Beispiele:

Paranormale Sensibilität für Emotionen (Hellfühlen)

Das Empfangen von Gefühlen, Schmerzen und sonstigen Befindlichkeiten von Personen. Dabei fühlt man die Emotionen eines anderen, als ob sie gerade zeitgleich im eigenen Körper ablaufen. Wenn Sie von dieser Fähigkeit nichts wissen, kann es sein, daß Sie sich labil oder krank fühlen. Das Fühlen beginnt unmittelbar, wenn Sie sich in der Nähe der anderen Person befinden bzw. diese anfassen. Wissen Sie um diese Ihre Fähigkeit, dann können Sie solche Gefühle ‚abstellen', indem Sie sich bewußt von Ihnen verabschieden. Nach wenigen Minuten verschwinden sie dann. Psychometrie, das ‚Erfühlen' von Gegenständen ist eine Variante des Hellfühlens. Eine weitere ist die Empathie, die Fähigkeit, sich in etwas oder jemanden hinein zu fühlen. Hellfühlen ist also eine verstärkte Form des Einfühlungsvermögens.

Hellhören

Hellhören geschieht nicht wirklich mit den Ohren. Sie können dabei aber Töne und Geräusche vernehmen, die andere nicht hören können,

Ihnen aber etwas mitteilen. Das kann z.B. eine Stimme in Ihrem Kopf sein, die Ihnen eine Information mitteilt. Die Geräusche rufen Gefühle, Erinnerungen und Bilder wach. Aber: Wenn die Stimmen Ihnen ‚Aufträge' erteilen, irgendetwas zu tun, dann ist Vorsicht geboten!

Hellsehen

Das innerliche Wahrnehmen von Bildern und anderen Energien, beispielsweise von Aura-Farben, Entitäten oder anderen Bildern. Manchmal scheint die Zeit still zu stehen und plötzlich haben Sie eine klare Vision. Hellsichtigkeit ist ein weiter Begriff, den viele Menschen ganz allgemein verwenden, um paranormale Begabung anzuzeigen. Wenn Sie hellsichtig begabt sind, dann können Sie Dinge sehen, die andere nicht sehen können. Sie können auch Bilder von Ereignissen erhalten, die noch gar nicht geschehen oder von Geschehnissen, die schon lange vorbei sind.

Hellschmecken

Das Erfahren von Geschmack, ohne daß Sie etwas essen, was mit dem erfahrenen Geschmack zu tun hat. Der Geschmack kann eine tiefere symbolische Bedeutung haben.

Hellwissen

Informationen über andere erhalten, die Sie unmöglich wissen können. Diese Informationen können Sie möglicherweise aus der Aura des anderen erfühlen oder indem Entitäten aus der anderen Welt Ihnen diese mitteilen. Das können Informationen aus der Zukunft oder der Vergangenheit sein.

Hellriechen

Düfte wahrnehmen, die mit bestimmten Geschehnissen oder Personen zu tun haben. Der Duft kann eine tiefe symbolische Bedeutung haben.

Das zweite Gesicht

Vorhersagen, die auf unterschiedliche Weise zu Ihnen gelangen, wobei häufig verschiedene paranormale Begabungen zusammen wirken.

Hierbei geht es immer um Zukünftiges. Manche Menschen benötigen dazu Hilfsmittel (Karten, Runen, Steine o.ä.), andere empfangen die Bilder z.B. im Traum oder in plötzlichen Visionen.

Channeling

Channeln ist das Empfangen und Weitergeben von Botschaften über Geistwesen, Entitäten oder Ihr eigenes höheres Selbst. Dazu zählt man auch automatische Schreiben und das Legen von Tarot-Karten.

Physisches Medium

Dies ist eine physische Form des Kontaktes zwischen Medium und Geisterwelt. Physische Medien ‚verleihen' ihren Körper an ein Geistwesen, welches im Körper des Mediums erscheint und Aussagen macht.

Schützen Sie sich!

Paranormale Begabungen machen den Besitzer sehr verletzbar. Sie müssen sich öffnen, um sich auf andere Schwingungen einzustellen und damit sind Sie natürlich auch offen gegenüber negativen Energien. Schützen Sie sich davor!

Negative Energien aus einer fremden Aura

Aufgrund Ihrer Sensibilität können Sie solche Energien leicht erspüren. Sie merken das z.B. dadurch, daß Sie plötzlich in öffentlichen Räumen mit vielen Menschen sehr müde werden. Sie beginnen zu Gähnen, Tränen schießen Ihnen in die Augen und Sie könnten auf der Stelle einschlafen. Dasselbe können Sie erleben, wenn jemand, der mit Problemen beladen ist, in Ihr Haus kommt. Sie fühlen dann, wie Sie immer müder werden, während der Besucher immer munterer wird. Das Ende vom Lied ist, daß der andere putzmunter nach Hause geht und Sie völlig leer zurück bleiben. Schützen Sie sich auch davor. Es gibt unterschiedliche Schutzmethoden:

- Ziehen Sie ein Pentagramm oder einen Bannkreis um sich herum.
- Visualisieren Sie eine Pyramide, in die Sie hineingehen.
- Bewegen Sie Ihre Hand kreisförmig im Uhrzeigersinn vor der Magengegend (in Höhe des Solar plexus). Tun Sie dann dasselbe in der

Höhe Ihres Kehle (Halschakra) und noch einmal vor Ihrer Stirn (Stirnchakra, Drittes Auge).

- Lassen Sie während ermüdender Gespräche beide Füße parallel zueinander fest auf dem Boden stehen. Stellen Sie sich gelegentlich eine Mauer zwischen sich und Ihrem Gesprächspartner vor. Die Mauer sorgt dafür, daß sich ihre Energien nicht so vermischen.
- Visualisieren Sie ein helles, weiß oder blau strahlendes Licht um sich herum und strahlen Sie dies auf Ihr Gegenüber.
- Lassen Sie immer wieder frische Energie durch Ihr Scheitelchakra in sich strömen und damit eventuelle Störungen wegspülen.

Negative Energien durch Entitäten

Mit Entitäten hat man es meist zu tun, wenn Sie gerade einschlafen oder erwachen und plötzlich jemanden in Ihrem Zimmer spüren. Möglicherweise verschwinden dauernd Dinge bei Ihnen, Lampen gehen an oder aus, ohne daß Sie sie betätigen, komische Geräusche sind zu hören oder dergleichen. Wenn solche Erscheinungen verstärkt auftreten, dann sollten Sie jemanden Fachkundigen um Rat fragen.
Sie selbst können aber auch einiges tun. Lassen Sie sich nicht auf ‚Flaschen drehen' oder ein Ouijabord (Hexenbrett) ein! Die Gründe dafür sind einfach. In den astralen Sphären befinden sich Entitäten, die noch mit der Erde verbunden sind und unseren Planeten aus verschiedenen Gründen nicht loslassen können, um ihrer eigentlichen Bestimmung zu folgen. Diese Seelen suchen nach Wegen, irdische Kontakte aufzubauen und können ausgesprochen unangenehm werden. Vielleicht halten Sie das für übertrieben, doch nicht umsonst wird immer wieder vor solchen Spielchen gewarnt. Das Spiel mit dem Unbekannten kann gefährlich werden. Fangen Sie erst gar nicht damit an, auch nicht, wenn Sie einen ‚Beweis' wollen, ob es wirklich ein Leben nach (oder neben) dem jetzigen gibt. Besonders wenn Sie mental oder seelisch nicht ganz stabil, krank oder geschwächt sind, dann ziehen Sie solche Entitäten geradezu magisch an. Die Folgen könne Sie sich vorstellen. Im Volksmund hieß es früher, jemand sei ‚besessen', was nichts anderes bedeutet, daß eine andere Entität Besitz von dessen Bewußtsein ergriffen hatte. Sie müssen wirklich sehr fest in Ihren Schuhen stehen, um dem

Widerstand entgegen zu setzen. Folgendes können Sie gegen unbekannte Entitäten oder Energien tun:

- Ziehen Sie einen Bannkreis um Ihr Bett, wenn Sie schlafen gehen und sich fürchten.
- Kreuzen Sie Hände und Füße so, daß Sie selbst einen geschlossenen Kreis bilden.
- Schlafen Sie in einem sauberen Schlafzimmer mit frischem Bettzeug und legen Sie einen Beutel mit frischem Lavendel unter Ihr Kopfkissen.
- Fragen Sie die Entität, was sie von Ihnen will und helfen Sie ihr ins Licht, indem Sie das Licht visualisieren und die Entität dorthin führen.
- Bitten Sie ein erfahrenes Medium um Hilfe, wenn Sie häufig von Entitäten heimgesucht werden.
- Reinigen Sie Ihr Zimmer mit Weihrauch oder einem *Smudgestick*.
- Bitten Sie Ihren Schutzengel oder Ihr höheres Selbst (je nachdem wer für Ihren Schutz zuständig ist), dem Elend ein Ende zu machen oder fordern Sie selbst die Entität auf, zu verschwinden, wenn sie keine nützliche Botschaft für Sie hat.

Übungen zur Entwicklung der eigenen Intuition

Das Entwickeln des sechsten Sinns ist eine schöne und spannende Angelegenheit, bei der Sie viel lernen. Tun Sie es allein oder zusammen mit einem Partner.

Psychometrie: Farben fühlen

Machen Sie diese Übung mit jemand anderem zusammen. Sie brauchen Stofflappen in unterschiedlichen Farben aber gleicher Stoffstruktur. Üben Sie, ob Sie mit geschlossenen Augen die Schwingungen der jeweiligen Farbe erspüren können. Wie sind die Unterschiede? Fühlt sich blau kühler an als grün oder ist rot wärmer als orange?

Psychometrie: Briefe fühlen

Bitten Sie Menschen aus Ihrer Umgebung, Ihnen Briefe zu schicken und öffnen Sie diese zunächst nicht. Warten Sie, bis ein paar zusammen gekommen sind. Erfühlen Sie dann, ohne auf die Schrift zu schauen, die im Brief enthaltenen Energien und was sie berichten und wer der

Absender ist. Stimmen die Energien des Briefes mit denen der Person überein, die Sie vor Augen haben?

Hellfühlen: Blindekuh spielen

Alte Kinderspiele wie Blindekuh eignen sich auch für Erwachsene, die eigene Intuition zu trainieren. Einem Mitspieler werden die Augen verbunden, der andere wählt sich im Zimmer eine Ecke aus, stellt sich dort kurz hin und verläßt dann das Zimmer. Der mit den verbundenen Augen geht nun auf die Suche und versucht den Fleck zu erspüren, wo der andere gestanden hat. Achten Sie darauf, was Sie und ob Sie dort Energien wahrnehmen und ob es sich wärmer anfühlt. Je wärmer es sich anfühlt, desto dichter sind Sie an dem Fleck. Es kann sein, daß Sie jetzt beim Heizkörper gelandet sind, aber der darf bei dieser Übung gar nicht mitmachen!

Telepathie

Setzen Sie sich mit dem Rücken zueinander hin und schließen Sie die Augen. Der eine denkt sich ein Symbol oder eine Zahl aus, während der andere mit seinem Geist die Energie des Denkenden abtastet. Können Sie erspüren, welches Symbol oder welche Zahl sich der Mitübende gedacht hat? Was fühlen Sie dabei?

Hellfühlen und Hellwissen

Eine schöne Übung, damit man sich in einer größeren Runde gegenseitig schnell kennenlernt. Sprechen Sie vorher ab, daß eine Person aufsteht. Sie wissen nicht, wer das ist, die anderen regeln das untereinander. Schließen Sie die Augen und leeren Sie Ihren Geist. Nehmen Sie sich dafür gut fünf Minuten Zeit. Die vorher bestimmte Person steht nun auf und stellt sich dicht vor Sie hin. Berichten Sie mit geschlossenen Augen, welche Gefühle und Gedanken in Ihnen aufsteigen. Nehmen Sie sich Zeit dafür und lassen Sie die Energien auf sich einwirken. Halten Sie dabei die ganze Zeit die Augen geschlossen.

Hellwissen

Hierbei hilft eine digitale Fotokamera. Lassen Sie jemand anderen ein paar Personen aus seiner Umgebung fotografieren, die er gut kennt, die Ihnen aber unbekannt sind. Vorzugsweise Menschen, die sich hinsichtlich Beruf und Persönlichkeit voneinander unterscheiden. Geben Sie nun auf Basis der vorliegenden Fotos eine umfangreiche Analyse der gezeigten Personen ab. Beschreiben Sie, um welche Person es sich handelt, was sie arbeitet, ob Sie eine Beziehung zueinander haben usw. Der Fotograf wird wissen, ob Ihre Aussagen zutreffen.

Intuition

Machen Sie diese Übung mit einer kleinen Gruppe von maximal 5-6 Personen. Jeder nimmt ein leeres Stück Papier und einen Schreibstift und schreibt auf, was ihm gerade einfällt. Alle Briefe werden nun weitergegeben und jeder schreibt seine spontanen Gedanken und Gefühle unter den Text des Vorgängers. Danach werden die Briefe Satz für Satz laut vorgelesen. Erkennen Sie, was die anderen geschrieben haben? Stimmen die Informationen, die unter dem ersten Satz stehen? Das ist für alle Teilnehmer eine gute Übung zum Training der Intuition.

Aura sehen

Übungen zum Sehen von Auren finden Sie im Buch über das Element Luft.

HEILSAMES WASSER

Heilende Wassertherapien gewinnen zunehmend an Popularität. Doch schon unsere Vorfahren wußten um die heilsamen Wirkungen des Wassers. Hippokrates war ein Befürworter von Wechselbädern und des Trinkens von Quellwasser. Homer liebte kalte Bäder zur Stärkung seiner Muskeln. Die Römer waren die ersten, die ein Badezimmer im Haus hatten, das *lavantrinium*. Wer das nicht finanzieren konnte, ging regelmäßig in die öffentlichen Badehäuser, um zu entspannen und seine sozialen Kontakte zu pflegen. Badehäuser kennen wir heute kaum mehr. Spaßbäder und Kurorte haben diese Aufgabe übernommen. Die Therapien zielen auf Entspannung und Reinigung. Nach einem solchen Wellnesstag geht es Ihnen für geraume Zeit wieder besser und Sie fühlen sich frisch.

Die Magie von Quellen

In der ganzen Welt gibt es zigtausende großer und kleiner Quellen, Teiche und Bäche mit frischem, heilkräftigem Wasser. Häufig findet man Sie in der Nähe von Kirchen, wo sich auch Energieknotenpunkte der Erde finden (siehe im Buch über das Element Erde). Diese Knotenpunkte sind mit den menschlichen Chakren zu vergleichen und enthalten eine starke Energie, die durch das Wasser weitergeleitet wird.

Seit jeher galten solche Quellen als Wallfahrtsorte. Ein Kranker, der nicht selbst in der Lage war, die Quelle aufzusuchen, gab einem anderen ein getragenes Kleidungsstück mit. Dieses wurde in der Quelle gewaschen und in einen Baum gehängt.

Das schottische Clootie Well in Munlochy, in der Nähe von Loch Ness, ist ein solcher magischer Ort, zu dem früher täglich Menschen in der Hoffnung auf Heilung kamen. Die Umgebung der Quelle hängt voll mit flatternden Stoffetzen, da niemand sich getraute, die Kleidungsstücke abzunehmen, aus Angst, selbst die Krankheit zu bekommen. Damit die betreffende Krankheit wirklich verschwindet, ist ein kleines Ritual nötig. Gießen Sie dreimal Wasser auf die Erde, reißen Sie dann ein Stückchen Ihrer Kleidung ab und binden Sie den Fetzen an den nächst gelegenen Baum. Machen Sie dann ein Kreuzzeichen und trinken Sie ein paar Schlucke von dem Quellwasser.

Allein auf den Britischen Inseln gibt es über 2.600 Quellen mit heilkräftigem Wasser. Die alten Kelten und Druiden schätzten das Wasser sehr. Davon zeugen viele uralte Brunnenkulte. Chalice Well in Glastonbury ist einer der bekanntesten Orte.

Ein flacher Stein bei der Saint Clethers-Quelle in Cornwall soll der ultimative Ort zur Heilung für Kranke sein, die darauf eine Nacht schlafen müssen. Dieser alte Brauch wird noch heute gepflegt und wirkt, wie die ortsansässige Bevölkerung versichert.

Es war üblich, an den Quellen ein Bittgebet an die Wassernymphen oder an Mutter Erde zu richten und den Brunnen mit einer Wünschelrute oder einem Stab zu segnen. Manche Quellen sprudelten dadurch sogar spontan aus der Erde, wo vorher kein Wasser gewesen war. So als ob Mutter Erde vor Freude über soviel gute und liebevolle Energie buchstäblich aufbrach.

Island ist als das Land mit den meisten heißen Quellen bekannt. Die eindrucksvolle, wilde und rauhe Landschaft ist berühmt für ihre Gletscher, Geysire und Vulkane. Die heißen Quellen haben eine Temperatur, die sich dem Siedepunkt nähert und resultieren aus vulkanischen und geothermischen Aktivitäten. 85% der Warmwasserversorgung Islands wird aus heißen Quellen gespeist. Das Wasser ist reich an Mineralien und Salzen. Besonders auf Hautkrankheiten wie Psoriasis wirkt dieses Wasser lindernd und heilend.

Natürliches Trinkwasser

Wasser ist Wasser, denken Sie vielleicht, aber nichts ist weniger war als das. Zwischen unterschiedlichen Trinkwassern bestehen tatsächlich große Unterschiede. Das Trinkwasser wurde seitens der Behörden in verschiedene Kategorien unterteilt. Natürliches Mineralwasser, Quellwasser, Tafelwasser und Trinkwasser. Natürliches Mineralwasser stammt aus tief gelegenen, abgegrenzten Brunnen, die staatlich anerkannt sind. Wetter und Klima haben auf dieses Wasser keinen Einfluß. Die Abfüllung geschieht am Brunnen selbst, wodurch die natürlichen Inhaltsstoffe erhalten bleiben. Natürliches Mineralwasser wird nicht weiter behandelt.

Gewöhnliches Quellwasser unterliegt weniger hohen Anforderungen. Es muß keine speziellen Mengen an Mineralien und Spurenelementen wie natürliches Mineralwasser enthalten. Es stammt aus höher gelegenen Quellen und seine Qualität ist wetter- und klimaabhängig.

Leitungswasser hat in der Regel eine gute bis sehr gute Qualität und zählt sowohl in den Niederlanden wie in Deutschland zu den am besten und intensivsten überwachten Lebensmitteln überhaupt. Es ist allerdings nicht mit natürlichem Mineralwasser zu vergleichen. Leitungswasser hat einige chemische Behandlungen hinter sich und wird in der Regel aus Oberflächenwasser oder Grundwasser gewonnen, das gefiltert und desinfiziert wird. Danach werden ggf. noch Zusatzstoffe hinein gegeben, um es rein zu halten. Als Tafelwasser werden billige Wasser bezeichnet, die in der Regel Kohlensäure enthalten. Es handelt sich um gewöhnliches Leitungswasser, das nochmals gefiltert und entchlort wurde. In Deutschland gibt es dazu noch Heilwasser, welches unter das

Abhängig vom Quellgebiet enthält natürliches Mineralwasser diverse Mineralien und andere Stoffe, die sehr gesund für uns sind. Man unterscheidet:
Leicht mineralisiertes Wasser – bis 500 mg enthaltene Mineralien
mäßig mineralisiertes Wasser – 500-1000 mg
stark mineralisiertes Wasser – mehr als 1000 mg

Heilmittelgesetz fällt. Dieses Wasser enthält Mineralien, die nachweisbar gegen körperliche Beschwerden helfen. Es gibt einen Unterschied zwischen Wasser aus natürlich strömenden, kalten Quellen und von Natur aus warmen Quellen. Letzteres eignet sich nicht zum Trinken, da es zu viele Mineralien enthält.
Tip: Um zu entschlacken, sollten Sie hoch mineralisiertes Wasser trinken. Gegen Streß hilft Mineralwasser mit hohem Kalzium- und Magnesiumgehalt. Trinken Sie davon mindestens drei große Gläser am Tag.

Kurorte

Kurorte sind viel besuchte und populäre Entspannungsorte, wo Sie sich rundum verwöhnen lassen können. Viele Kurorte sind künstlich angelegt und umfassen meist nur ein Schwimmbad und verschiedene therapeutische Bäder mit Kuranwendungen. Einen Kurort mit einer natürlichen Quelle erkennen Sie am ‚Bad' im Namen. Das Wasser dort enthält in der Regel verschiedene Mineralien, Jod, Salz und Eisen.
Man unterscheidet Süß- und Salzwasser-Kurorte. Zu den Salzwasseranwendungen zählen etwa die Thalasso-, die Algen- und die Heliotherapie. Bei Süßwasserkuren werden unter anderem Schlamm- oder Heilerdepackungen, Nebelduschen, verschiedene Wickel und Massagen verabreicht. Zusätzlich bieten viele Kurorte Kombinationen von Wasserkuren und Entschlackungsanwendungen, Saftkuren und spezielle Diäten an. Osteuropa gilt als preisgünstige Region mit vielen unterschiedlichen Kureinrichtungen für den kleinen Geldbeutel. Doch auch im eigenen Land finden Sie sicher einen geeigneten Ort.
Eine Aufzählung der vielen, vielen Anwendungsmöglichkeiten von Wasser in der Therapie würde hier zu weit führen. Wenn Sie sich näher

über die eine oder andere Wassertherapie informieren möchten, finden Sie im Internet genügend Ansatzpunkte.

Hydrotherapie

Hydrotherapie ist die allgemeine Bezeichnung für verschiedene Methoden, heißes und kaltes Wasser heilsam anzuwenden. Sie wurde im 19. Jahrhundert von Pfarrer Kneipp entwickelt. Hydrotherapie kann in einem simplen Bad bestehen oder aus einen Vielzahl unterschiedlicher Behandlungen, von der Packung bis zum Sprudelbad. Die Kombination von warmem Wasser und sprudelnden Blasen entspannt die Muskeln. Die Wärme hat einen beruhigenden Nebeneffekt auf die Nerven und lindert Schmerzen. Hydrotherapie wird des weiteren für die Aktivierung und Kräftigung der Muskeln, zur Anregung des Blutkreislaufs, zur Entgiftung, bei Hautkrankheiten und chronischen Krankheiten wie Arthritis, Bronchitis und Asthma eingesetzt. Sprudelbäder, heiße und kalte Bäder, Massageduschen, Dampf, Sauna, heiße und kalte Packungen in Kombination mit Kräutern, ätherischen Ölen und Salz sind hier gängige Anwendungen.

Warmes Wasser – Kaltes Wasser

Warmes Wasser entspannt und erweitert die Blutgefäße, wodurch der Blutdruck gesenkt und die Muskeln sowie die Haut besser durchblutet werden. Beschwerden wie Verspannungen und Steifheit werden dadurch gelindert. Die bessere Blutzirkulation schwemmt Abfallstoffe aus dem Körper und verbessert das Immunsystem.

Kaltes Wasser regt an. Die Blutgefäße an der Oberfläche ziehen sich zusammen, was die biochemischen Reaktionen, die Entzündungen bewirken, dämpft. Das kalte Wasser sorgt dafür, daß sich das Blut aus der Haut zurückzieht und zu den Organen nach innen fließt, die dadurch wiederum besser versorgt werden. Die bekannteste hydrotherapeutische Maßnahme ist das Abschließen einer warmen Dusche mit einem eiskalten Wasserschwall oder Tauchbad. Ein ideales Morgenritual für einen guten Start in den Tag.

Wasser-Therapien

Thalassotherapie

Thalasso stammt aus dem Griechischen und bedeutet ‚Meer'. Diese Therapie nutzt das Meerwasser, wobei auch z.B. Algenpackungen mit Meerwasser angerührt werden. Bei dieser Therapie ist es wichtig, daß alle vier Elemente daran mitwirken: Meerwasser, Seesand, Seeluft und Sonne. Die Sonne ist wesentlicher Bestandteil der Heliotherapie (Sonnenlichttherapie), die gut mit der Thalassotherapie kombiniert werden kann. Das warme, helle Sonnenlicht wird vom Wasser und vom Sand reflektiert. So können Sie von den Wirkungen des Meeres profitieren, ohne direkt ins Meerwasser steigen zu müssen. Nicht nur das Meerwasser, sondern auch die Seeluft ist bei dieser Therapie von Bedeutung. Das Meer erwärmt sich langsamer als die Erde, kühlt aber auch langsamer wieder ab. Dadurch sind die Temperaturen am Meer ausgeglichener und milder als im Binnenland. Die Seeluft ist arm an Staub und reich an Jod, Salz, Silizium und Ozon, welches Bakterien abtötende Wirkung hat. Kuren, die weiter als zwanzig Kilometer vom Meer entfernt stattfinden, können nicht mehr Thalassotherapien genannt werden, da sie zu weit weg von der Seeluft sind. Meerwasser beinhaltet fast alle Elemente, die der Körper braucht: Natrium, Magnesium, auch in den Pflanzen und Algen. Die Meeresflora, die sich aus speziellen Bakterien zusammensetzt, reinigt das Wasser und tötet fremde Keime ab. Ähnliche Prozesse finden im menschlichen Körper statt.

Die Behandlungen sind sehr intensiv und wirken dafür aber drei bis fünf Monate nach. Es lohnt sich also, die Mühe einmal auf sich zu nehmen.

Aerosole

Eine Therapieform, die das körperliche Abwehrsystem anregt und darum aufbauend für Patienten mit chronischen Atemwegserkrankungen wirkt. Aerosole sind Dämpfe, die durch Zerstäubung von Meerwasser mit negativen Ionen angereichert sind.

Besprühen

Auf einer steinernen Bank liegend werden Sie dabei mit einem Regen von Meerwasser besprüht, der in bestimmten Mustern über den Körper geführt wird.

Algentherapie

Ein Therapie in der gefriergetrocknete Algen (Seetang) mit Süßwasser zu einem Brei verrührt werden. Damit werden Sie von Kopf bis Fuß eingeschmiert, anschließend in Plastikfolie verpackt und in warme Decken gehüllt. Nach vierzig Minuten werden Sie wie ein Weihnachtsgeschenk wieder ausgepackt. Zum Schluß duschen Sie alles ab. Diese Ganzkörperpackung bewirkt ein übermäßiges Schwitzen und hat einen schmerzstillenden Effekt.

Die Algentherapie ist entstressend und entschlackend. Um aber wirklich eine dauerhafte Wirkung zu erzielen, reicht eine Anwendung nicht aus.

Wechselbäder

Hierbei wird abwechselnd kaltes und warmes Wasser auf ein bestimmtes Körpergebiet gegossen. Wechselbäder regen das hormonale System an. Die dadurch entstehenden Schauer, die über den Körper jagen, bringen Erleichterung bei Entzündungen. Wechselbäder helfen bei Durchfall, Stoffwechselstörungen, Rückenschmerzen, Energiemangel, Hautproblemen und Transpirationsstörungen. Es gibt unterschiedliche Anwendungen von Wechselbädern.

Die ‚Schottische Dusche' funktioniert z.B. so: Drei Minuten heißes Wasser, anschließend dreißig Sekunden kaltes Wasser. Die bekannteste Wechselbadmethode ist das abwechselnde gleich lange Verweilen mit bestimmten Körperteilen (Armen, Beinen etc.) in kaltem bzw. warmem Wasser.

Bekannt sind auch die Arm- und Beingüsse, wobei mit Hilfe eines Schlauches kaltes oder warmes Wasser in dünnen Strahlen die Beine oder Arme entlang geführt wird. Das bewirkt eine bessere Blutversorgung und hilft so bei Rheuma und Gelenk- bzw. Muskelentzündungen.

Therapiebad

Therapeutisches Baden geschieht unter Anleitung eines Physiotherapeuten. Das Bad ist für Personen mit körperlichen Problemen gedacht und hat eine Temperatur von 32° C. In diesem Bad kann die Körperhaltung korrigiert werden, z.B. bei falscher Beckenhaltung. Auch ein HWS-Schleudertrauma kann hiermit gelindert werden. Auch nach Operationen der unteren Gliedmaßen wird es angewendet.

Massagebad

Bei einem Massagebad werden drei Kräfte eingesetzt:

- konstante Wärme – hebt die Körpertemperatur an und weitet die Blutgefäße für eine bessere Durchblutung;
- Schwerelosigkeit – der Druck auf die Muskeln und Gelenke wird geringer, was wohltuende Entspannung mit sich bringt;
- Blasen – Massieren im Bad. Die sprudelnden Blasen entstehen in sogenannten Jetstreams oder auch durch separat steuerbare Wasserstrahlen, die auf bestimmte Körperregionen gelenkt werden können.

Das echte Hydromassagebad geschieht durch rund wandernde Unterwasserstrahlen mit wirbelnden Effekten. Sie erinnern an die Vortexenergie (siehe S. 55).

Fangotherapie

Fango ist vulkanischer Schlamm. Die Widerstandskraft wird verbessert, da Fangopackungen den Blutkreislauf anregen. Der Schlamm ist sehr reich an Mineralien und wird in der Regel noch mit Kräutern angereichert.

Whirlpool

Warmwasserbad von 38° C mit Sprudelblasen, die Sauerstoff enthalten. Leider ist es nicht sehr hygienisch. Hautpartikel lösen sich ab, welche vielfach Bakterien und manchmal sogar Schimmelpilze ins Wasser bringen.

Floating room

Ein großes rundes Bad, gefüllt mit Salzwasser oder Wasser mit Magnesiumsulfat, auf dem Sie im Dunkeln treiben und selig zu sich selbst kommen. Cremen Sie eventuelle Wunden zuvor dick mit Vaseline oder einer fetten Creme ein, sonst brennt es.

Pelotherapie

Massage mit warmem Schlamm vom Meeresboden.

Pressotherapie

Therapie durch Wickel. Binden werden in eine warme Lösung gelegt, in diesem Fall warmes Meerwasser oder Meerschlamm. Mit leichtem Druck werden Sie dann damit von oben bis unten eingewickelt, wobei dafür gesorgt wird, daß die Wickeln nicht zu fest liegen. Man kann direkt fühlen, wie sich die Durchblutung der Adern verbessert. Die Binden können auch in einer medikamentös angereicherten Lösung gegen bestimmte körperliche Beschwerden eingeweicht werden.

Sauna

Die Wirkung der Sauna basiert auf der Anwendung wechselnder Temperaturen. Heiße Luft zum Aufwärmen, kaltes Wasser zum Abkühlen. Das Herz wird dabei sehr belastet, daher ist Vorsicht geboten. Bei Zweifeln, ob die Sauna das Richtige für Sie ist, weil Sie etwa schwanger sind oder ein körperliches Leiden haben, sollten Sie Ihren Hausarzt befragen. Einen Saunagang mit ein paar Bahnen im Schwimmbad abzurunden, ist nicht empfehlenswert, das die Wassertemperatur in einem normalen Schwimmbassin zu hoch ist und in der Sauna selbst die Luftfeuchtigkeit zu hoch ist. Sauna und Sport sind auch nicht die idealen Partner. Am besten machen Sie zwischen dem Sport und dem Saunagang eine Stunde Pause, um den Körper wieder zu Atem kommen zu lassen.

Normale Sauna

Durch die starke Einwirkung der Wärme beginnt der Körper zu schwitzen, um sich abzukühlen. Je heißer die Sauna, umso besser verdampft der Schweiß. Daher sollten Sie Saunas mit möglichst rauhen Holzwänden bevorzugen, denn je rauher und faseriger die Oberfläche desto besser wird die Hitze reflektiert.

Laconium / Infrarotsauna

Sauna, in der die Wärme durch Infrarotlampen entsteht. Sie wird nicht heißer als 60° C. Es handelt sich dabei um eine trockene, angenehme Wärme mit niedrigem Feuchtigkeitsgehalt. Eignet sich hervorragend zu Behandlung von Cellulite, Rheuma, Gelenken und Muskeln allgemein. Es gibt übrigens immer mehr luxuriöse Ferienhäuser zu mieten, in denen eine Infrarotsauna zur Verfügung steht.

Biosauna

Diese Sauna hat farbige Lampen und wirkt zugleich farbtherapeutisch. Blaues Licht wirkt kühlend und stoppt die Vermehrung von Viren. Ideal bei Gicht, Rheuma und Depressionen. Grünes Licht entspannt und beeinflußt die Verdauung. Rotes Licht inspiriert. Das regt den Geist und die Blutbildung an. Gelbes Licht bringt Heiterkeit und macht wach. Es wirkt auch auf die Atmung und die Nerven. Vor allem bei Menschen, die an Migräne leiden, hilft es sehr gut!

Dampfbad oder türkisches Bad (Hamam)

Warme, feuchte Luft von ungefähr 50° C. Das wirkt sanft auf die Atmungsorgane. Ein milder Wärmeschauer rieselt durch den Körper, reinigt, öffnet die Poren und dringt tief in die Haut ein.
Der Körper wird besser mit Sauerstoff versorgt, weil sich die Adern weiten. Die Atemwege werden durch die warmen Dämpfe befreit und die Atmung dadurch erleichtert.

Paranormale Therapien und Heilungsformen

Mit den zurückkehrenden Entdeckern kamen auch die ersten Berichte z.B. über das Magnetisieren in den Westen. In vielen östlichen Kulturen wie in Indien, China und den Philippinen, wird dieses bereits seit über dreitausend Jahren praktiziert.
Inzwischen gibt es auch hier eine Reihe von Menschen, die das Magnetisieren zu ihrem Beruf gemacht haben und als Therapeuten ihre paranormalen Fähigkeiten Hilfesuchenden anbieten. Ein guter paranormaler Therapeut hat eine solide Berufsausbildung, in der Regel im medizinischen Sektor. Danach erst hat er eine Ausbildung zum paranormalen Therapeuten absolviert, die gut und gerne vier Jahre dauert. Er nutzt ein breites Spektrum von Möglichkeiten und zielt nicht nur auf die einfache Bekämpfung der Symptome, sondern auf die Beseitigung der wirklichen Krankheitsursache. In den Niederlanden haben paranormale Therapeuten in der Regel allgemein festgelegte Tarife, und meist werden die Therapien sogar von den Krankenkassen bezahlt. Vertrauenswürdige paranormale Therapeuten haben sich in Berufsorganisationen wie der NFPN oder der NVGN (Nederlandse Vereniging für Geestelijke und Natuurgeneeswijzen) zusammengeschlossen.
Magnetiseure oder Streicher, wie sie umgangssprachlich auch genannt werden, sind in der Regel nicht einem Fachverband angeschlossen und arbeiten frei. Das bedeutet nicht, daß ihre Qualifikationen deshalb schlechter seien. Dennoch ist eine gewisse Vorsicht geboten, da hier durchaus Magnetiseure mit nicht fachgerechter Ausbildung am Markt auftreten.

Eigentlich kann fast jeder magnetisieren, wenngleich die Veranlagung dazu unterschiedlich verteilt ist. Der eine kann es spontan, der andere braucht einige Übung dazu. Wichtig ist, daß Sie sich jeden Tag Zeit für sich nehmen und Ihrer Energiequelle immer so nah wie möglich bleiben. Aus der Ruhe wächst die Kraft und so können Sie auch anderen weiterhelfen.

Übungen zum Erlernen des Magnetisierens

Übung macht den Meister. Üben Sie einfach und erfahren Sie selbst, wie es ist und wie es wirkt. Wenn jemand in Ihrer Umgebung Schmerzen hat, Kopfschmerzen etwa oder Probleme an Hand, Knie oder Ellenbogen, dann versuchen Sie, dieser Person von Ihrer Energie abzugeben. Beginnen Sie folgendermaßen:

- Waschen Sie sich gut Ihre Hände.
- Stehen Sie mit beiden Beinen fest auf der Erde.
- Halten Sie Ihre eine Hand mit der Handfläche nach unten über Ihr Scheitelchakra, die andere mit der Handfläche in Magenhöhe (Solar Plexus). Atmen Sie ruhig ein und aus. Verbinden Sie sich mit der einen kosmischen Energie, schließen Sie die Augen und konzentrieren Sie sich darauf, wie die Energie in Ihre Hände strömt. Später brauchen Sie diese Übung nicht mehr machen, dann reicht allein der Gedanke daran, die Energie durch Hände und Körper strömen zu lassen.
- Laden Sie Ihren Körper mit kosmischer Energie auf.
- Reiben Sie dann Ihre Hände aneinander.
- Machen Sie Ihren Geist leer und frei.
- Halten Sie nun Ihre Hand auf die schmerzende Stelle. Möglicherweise fühlen Sie dort eine Kälte (stagnierende Energie), oder Ihre Hand wird wie von selbst dorthin gezogen (Energiemangel). Es kann auch sein, daß Sie ein Prickeln in Ihrer Hand fühlen (Ausgeglichenheit ist gestört) oder daß Sie einen Widerstand (Blockade) spüren. Unterschiedliche Gefühlsempfindungen sind wahrnehmbar, mit denen Sie umgehen und arbeiten lernen müssen.
- Entfernen Sie negative Energien, indem Sie mit Ihren Händen von oben nach unten streichen.
- Wenn Sie Schmerzen spüren, dann lösen Sie sich kurz von der En-

ergie, indem Sie mit den Fingern schnippen oder die Hände ausschütteln. Das sollten Sie ohnehin jedesmal machen, wenn Sie ein Körpergebiet behandelt haben.
- Nachdem Sie den Körper von negativer Energie befreit haben, geht es ans Aufladen mit positiver Energie. Hierbei streichen Sie mit den Händen von unten nach oben.
- Nach der Behandlung waschen Sie wieder gründlich Ihre Hände.

Unterschied zwischen Magnetisieren und Reiki

Reiki, die universelle Heilmethode, welche von dem Japaner Mikao Usui entwickelt wurde, kennt inzwischen viele Ausprägungen, wie etwa das Tera Mai Seichem, dem die vier Elemente Erde (reiki), Wasser (sophi-el), Luft (angelic light) und Feuer (sakara) ergänzt wurden. Reiki ist nicht dasselbe wie Magnetisieren, wenn auch beide denselben Quell universeller Lebensenergie anzapfen.
- Reiki kann man nach Meinung der Einweihenden nur nach einer entsprechenden Einweihung, die symbolisch stattfindet, anwenden. Erst müsse der Kanal, durch den die Energie strömen soll, auf diese Weise geöffnet werden.
- Es ist möglich, daß jemand zwar durch die Behandlung eines Magnetiseurs seine negativen Energien los wird, dafür aber keine positiven bekommt. Das ist bei Reiki ausgeschlossen. Der Reikimeister erhält derart viel Energie, daß er sie weitergeben und auch sich selbst dabei noch aufladen kann.

Unani

Es gibt eine alte indische Heilmethode, die auf griechischen Lehren fußt und durch die Araber verbreitet wurde, von der man aber sagt, ihre Ursprünge reichten noch viel weiter zurück und sie sei schon über fünftausend Jahre alt: Unani.

Unanisten betrachten Krankheit als einen ganz natürlichen Prozeß, bei dem die Symptome Reaktionen des Körpers auf die Krankheit seien. Ein Arzt hat da die Aufgabe, die natürlichen Kräfte im Körper zu stützen und anzuregen, damit wieder eine Harmonie der Kräfte entsteht. Unani basiert in Teilen auf der Temperamentenlehre. Man geht davon

aus, daß jede Person ihre eigene Harmonie hat und ein Anpassungsvermögen. Wenn diese Kraft schwächelt und damit auch das Anpassungsvermögen nachläßt, dann treten Störungen in der Ausgeglichenheit der Körpersäfte auf. So entsteht Krankheit. Man kann dem aber vorbeugen, indem man die Harmonie in den Verhältnissen von Wasser und Nahrung, psychische oder physische Anstrengungen und Ruhe, Schlaf und Wachsamkeit, Ausscheiden und Halten von Körperstoffen herstellt. Ebenso wichtig ist die Umgebung.
Arzneien auf Kräuterbasis helfen dem Körper, das Gleichgewicht wieder herzustellen. Ernährung und Verdauung sind dabei wichtige Angelpunkte für die körperliche Ausgeglichenheit. Die vier Elemente kehren in den Behandlungsmethoden wieder: Aderlaß, Schwitzen, Ausscheidung von Urin, türkische Bäder, Massage, das Ausbrennen von Wunden, Erbrechen, Entgiften und das Anlegen von Blutegeln.
Unani ist in Europa noch nicht so bekannt. Doch hat diese Heilweise in aller Welt viele Anhänger. Ihre Ergebnisse sollen insbesondere bei Arthritis, Asthma, Bronchitis und anderen chronischen Erkrankungen, die mit Feuchtigkeit zu tun haben, bemerkenswert sein.

Schlafen auf Wasser

Die Perser waren die ersten, die sich schon vor rund 3.600 Jahren auf ein Wasserbett zur Ruhe legten. Damals legte man sich auf mit Wasser gefüllte Ziegenhäute. Auch Nomaden entdeckten diese Methode. Sie ließen die weichen Betten tagsüber in der Sonne erwärmen und konnten nachts die wohltuende Wärme genießen.

Es dauerte aber eine geraume Zeit, bis auch der moderne Mensch sich von den Vorzügen eines Wasserbettes überzeugen ließ. 1851 entwickelte William Hooper das erste Wasserbett, das gegen Wundliegen, Muskelschmerzen und Rückenbeschwerden helfen sollte. 1895 wurden die ersten Wasserbetten bei Harrods in London verkauft. Der Preis entsprach dem eines kompletten Schwimmbades! Schön waren sie nicht, die ersten Wasserbetten. Sie glichen eher gigantischen Wärmflaschen. Überdies behauptete ein damals führender Wissenschaftler, daß Männer durch das Schlafen darauf Opfer von Nervenerkrankungen würden. Frauen würden dadurch zu Nymphomaninnen mutieren. Dieser Gelehrte ließ sich bei seinen Vermutungen wohl eher von Märchen über Quellnymphen und Sirenen leiten...

Heute haben viele Menschen ein privates Wasserbett. In der Medizin werden wassergefüllte Matratzen schon länger verwendet. In Skandinavien empfiehlt das Ministerium für Volksgesundheit sogar Wasserbetten. Die Anschaffungskosten sind in den letzten Jahren stark gesunken. Überdies sind Wasserbetten sehr hygienisch, denn Staub und Schweiß können nicht in die Matratze eindringen. Viele plädieren für das Wasserbett, das Schlaflosigkeit aufheben und schöne Träume hervorrufen soll. Zudem erzeugt es ein Gefühl der Schwerelosigkeit.

Allerdings ist der Energieverbrauch zum Aufheizen des Bettes noch recht hoch, ca. 1-2 kWh pro Tag. Eine Zeitschaltuhr am Heizelement heizt das Wasser individuell einige Stunden vor dem Zubettgehen auf. Achten Sie darauf, daß Sie das Deckbett nach dem Lüften wieder als zusätzliche Isolierung auf dem Wasserbett ausbreiten. Auch das hilft, Energie zu sparen.

MAGIE UND MYSTIK

Das besondere Band, das uns Menschen mit dem Mond verbindet, hat wohl damit zu tun, daß der Mond ehedem ein Stück der Erde war (dazu in meinem Buch *Das magische Buch vom Mond*). Die allerersten Kalender des Menschen basierten auf den engen Beziehungen zwischen den Mondphasen und dem Zyklus der Frau. Der älteste Mondkalender wurde im französischen Ort Laussel gefunden und ist mit rotem Ocker auf Kalkstein gemalt. Man vermutet, daß diese Darstellung rund zwanzig- bis dreißigtausend Jahre alt ist. Viele alte Kulturen leiten ihren Kalender vom Mondzyklus ab, nicht zuletzt, weil die Mondphasen schon rein optisch so auffällig sind und man schnell eine Regelmäßigkeit in ihrem Ablauf erkannte. Schließlich sind später die meisten Völker zu anderen Kalendersystemen übergewechselt, mit Ausnahme der islamischen Völker, die noch heute einen Mondkalender nutzen. Als man bemerkte, daß es auch einen Sonnenzyklus gab, wechselten viele zu Sonnenkalendern, welche die Jahreszeiten stärker betonen.
Der Mond steht in Beziehung zum Wasser und regiert die Gefühle.

Mondphasen

Seit jeher spricht man von den ‚Drei Gesichtern des Mondes' – die Erscheinungsformen des Mondes also, die seit Jahrhunderten in Bezug zum weiblichen Monatszyklus gebracht werden. Die dreifache Mondgöttin ist tatsächlich ein Symbol für die drei Phasen des Lebens. Gegenwärtig zählt man auch fünf Mondphasen, die sich auf verschiedene Weise in Ihrem Leben bemerkbar machen.

Neumond

Eine sehr kraftvolle Periode, in der neue Ideen entstehen. Sein Einfluß ist erst mit einigen Tagen Verzögerung spürbar. Nutzen Sie diese Kraft für persönliches Wachstum, für neue Projekte oder Unternehmungen. Jetzt ergriffene Initiativen werden gute Ergebnisse bringen. Wenn Sie sich eine neue Arbeit suchen wollen, dann beginnen Sie jetzt damit. Auch für eine neue Liebe stehen die Chancen bei Neumond gut. Bei Gesundheitsproblemen sollten Sie jetzt eine neue Therapie beginnen. Alles was einen Beginn positiv beeinflußt hat jetzt den richtigen Zeitpunkt.

Zunehmender Mond

Jetzt haben Sie den Mut und die Energie alles das in die Tat umzusetzen, anzupacken und weiterzuentwickeln, was Sie sich in der Neumondphase ausgedacht haben. Eine besonders gute Zeit für Heilungsprozesse. Neue Kräfte entwickeln sich und auf vielen Gebieten zeigen sich neue Chancen. Legen Sie jetzt einen neuen Garten an und lassen Sie Ihrer Kreativität freien Lauf. Alles, was Ihnen begegnet, werden Sie sukzessive in sich aufnehmen.

Vollmond

Nun ist die Kraft zwar auf ihrem Höhepunkt angekommen, doch Ergebnisse werden erst nach einigen Tagen sichtbar. Eine aktive Phase, in der sehr viel um Sie herum geschieht, der Höhepunkt von Energie, Schutz, Freundschaft und Liebe. Die Energie ist nun so stark, daß Sie auch die Ziele erreichen können, für die Sie viel Kraft brauchen. Gesundheitsangelegenheiten verlaufen in dieser Phase eher träge, nicht die beste Zeit für die Erholung. Rituale an Vollmond eignen sich besonders für den Bereich Schutz und das Wahrsagen.

Abnehmender Mond

Langsam lassen Sie bestimmte Dinge los, Prozesse laufen aus. Häufig sehen Sie zum Ende dieser Phase und zum Beginn des Dunklen Mondes Dinge ein plötzliches Ende nehmen oder (emotionale) Ausbrüche geschehen. Eine gute Periode, Sachen abzustoßen und abzuschließen, etwa mit dem Rauchen aufzuhören oder abzunehmen. Die Beendigung einer schwierigen Beziehung kostet in dieser Phase weniger Mühe, ebenso die Entfernung negativer Einflüsse. Rituale bei Abnehmendem Mond drehen sich um das Abstoßen und Loslassen negativer Energien und die Entwicklung psychischer Fähigkeiten.

Dunkler Mond

Eine Phase des Verstummens und Stillwerdens, in der alles verarbeitet wird, was Sie losgelassen haben. Es ist auch eine chaotische Phase, in der etwas Neues verarbeitet wird. Es ist eine Periode des Aufräumens. Abrechnens, des tiefen Nachdenkens und des Ordnens. Entschlüsse sollten Sie jetzt nicht fassen, aber doch darauf hinarbeiten. Neue Energien, die Sie bei Neumond dann einsetzen können, zeigen sich hier in ersten zarten Ansätzen. Die Phase des Dunklen Mondes, das sind die drei Tage vor

Neumond, ruft buchstäblich die Dunkelheit in Ihnen wach. Sie können in dieser Phase keine Resultate erwarten, erwarten Sie im Gegenteil lieber gar nichts. Schauen Sie zurück, betrachten Sie, was Sie gelernt haben und nehmen Sie sich Zeit, das auf sich wirken zu lassen. Der Dunkle Mond zeigt Ihnen Ihre dunklen Seiten. Sehen Sie der Dunkelheit in die Augen. Wenn sich Ihre Erfahrungen und Einsichten geklärt haben, dann können Sie mit frischem Mut ans Werk gehen.

Die Kraft des Vollmondes hält drei bis vier Tage an. Am Tag vor Vollmond ist sie zwar schon am stärksten, doch ihre Wirkung zeigt sich erst einige Tage später. Dasselbe gilt für Neumond. Auch in der Natur ist das ablesbar. Die Springtide, wobei das Wasser in einer Richtung aufgestaut wird, erreicht erst am zweiten Tag nach Vollmond ihren Höhepunkt.

Mondrituale

Die Kraft des Mondes eignet sich außerordentlich für die Durchführung von Ritualen, die der Einstimmung auf die Energien der Natur dienen. Die verschiedenen Phasen eignen sich zu speziellen magischen Anwendungen. Vollmond eignet sich jedoch besonders hinauszugehen und in einem Ritual die Kräfte des Mondes selbst zu ehren. Moderne Hexen nennen die Vollmondfeste Esbats. Jeder Mond (Monat) hat seine ganz spezielle Kraft, die mit dem Zeitpunkt der entsprechenden Jahreszeit zu tun hat. Logischerweise stimmen Sie sich dann auch darauf ab, denn das korrespondiert mit Ihren tiefsten inneren Abläufen.

November – Baummond

Thema: Abschied und Überleben

Nutze die Gelegenheit, liebe Verstorbene zu ehren. Schauen Sie zurück auf das vergangene Jahr: Was hat es Ihnen gebracht, was haben Sie gelernt? Worin besteht Ihr Übergang und wovon müssen Sie Abschied nehmen? Wie sehen Sie das kommende Jahr?

Dezember – Mond der längsten Nacht

Thema: Wiedergeburt

Heißen Sie das Licht willkommen und die Geburt neuer Pläne.

Januar – Wolfsmond

Thema: Versenkung und Schutz

Eine Zeit der Versenkung und Vertiefung, wozu sich dieser stille und dunkle Monat besonders eignet.

Februar – Sturmmond

Thema: Frühjahrsputz und Neubeginn

Das lateinische Wort *februarius* bedeutet ‚Mond der Reinigung'. Ideal, den Frühling frisch und sauber zu begrüßen. Binden Sie sich einen neuen Besen, mit dem Sie dann Ihre rituellen Reinigungen ausführen, die das Wegfegen von hinderlichen Überbleibseln der Vergangenheit symbolisieren.

März – Sämond

Thema: Erneuerung

Begrüßen Sie die neue Jahreszeit in einem Ritual und säen Sie derweil Pflanzen aus, die Ihre neuen Pläne symbolisieren.

April – Grasmond

Thema: Geburt, wachsen und entdecken

Setzen Sie sich Ziele, die Sie erreichen wollen und planen Sie ein Ritual dazu.

Mai – Pflanzmond

Thema: Zweisamkeit und Harmonie

Schicken Sie in einem Ritual Ihre ganze Liebe zu dem Menschen Ihres Herzens.

Juni – Rosenmond

Thema: Gleichgewicht

Ihre Zeile haben Sie womöglich inzwischen erreicht, doch läuft wirklich alles so, wie Sie es wollten? Ist Ihr Leben noch im Gleichgewicht?

Juli – Heumond

Thema: Genießen, was Sie haben

Im Juli ist das Wetter meist schön genug, ein Ritual am Strand zu vollziehen.

August – Maismond

Thema: Sammeln, Binden

Lenken Sie während eines Rituals Ihre ganze Aufmerksamkeit auf das, was Sie in der Vergangenheit gelernt haben.

September – Erntemond

Thema: Umwandlung

Der Monat, in dem der Übergang vom Sommer zum Herbst gefeiert wird.

Oktober – Blutmond

Thema: Veränderung, Übergang

Wovon müssen Sie Abschied nehmen? Was paßt nicht (mehr) in Ihr Leben? Was bleibt, um damit weiter zu machen?

2. Vollmond im November oder Dezember – Eismond

Thema: Rückzug

Ein Monat des Rückzugs in sich selbst, vergleichbar mit dem Dunklen Mond.

2. Vollmond in einem Monat – Blauer Mond

Thema: Kein spezielles Thema. Schauen Sie einfach, in welche Zeit dieser Mond fällt und stimmen Sie Ihr Ritual daraufhin ab.

Eselsbrücke

Wenn der Mond die Form des Buchstaben p hat (p von frz. premier, der Erste) dann sehen Sie den zunehmenden Mond.
Bildet der Mond den Buchstaben d (d von frz. dernier, der Letzte) dann sehen Sie den abnehmenden Mond.

Springtide, Nipptide, Ebbe und Flut

Innerhalb von 24 Stunden erleben die Küstenbewohner zweimal Flut (Hochwasser) und zweimal Ebbe (Niedrigwasser). Das hat mit den Anziehungskräften zwischen Erde und Mond zu tun. Die Anziehungskraft des Mondes staut das Meerwasser dort am höchsten auf, wo sie am stärksten ist. Im Tageslauf vollziehen sich infolge der Umlaufgeschwindigkeit des Mondes zwei Gezeitenzyklen (Ebbe, Flut). Auch die Sonne hat einen Einfluß auf die Gezeiten, doch ist dieser Einfluß viel geringer als der des Mondes, da die Sonne viel weiter entfernt steht. Kurz nach Vollmond und kurz nach Neumond ist Springtide, in der die höchsten bzw. niedrigsten Wasserstände erreicht werden. Immer wenn Sonne und Mond im rechten Winkel zueinander stehen – also im ersten und im letzten Viertel – wirken die beiden Kräfte relativ gleich und heben sich gegenseitig nahezu auf, so daß ihre Auswirkungen viel weniger zu spüren sind. Das spiegelt sich deutlich in der Natur, z.B. haben wir dann Nipptide, daß heißt der Unterschied zwischen Ebbe und Flut ist minimal.

Gezeit, Magie, Zeitpunkt
Flut, produktiv, wenn die Flut ansteigt
Springtide, jede Magie, alle zwölf Stunden
Ebbe, bannend und abwehrend, wenn das Wasser zurückfließt
Nipptide, meditativ in sich schauend, circa 6 Stunden nach Springtide

DIE WOGEN DES WASSERS

Wasser ist eine lebendige Energie und eine ungeheure Kraftquelle mit einer erstaunlichen Fähigkeit, sich selbst zu regenerieren. Wasser durchströmt die Erde wie Blut den menschlichen Körper.

Das Blut der Erde
'Wasser ist das Blut der Erde' war das Motto des Naturwissenschaftlers, Erfinders, Philosophen und Försters Viktor Schauberger (1885-1958), den man auch den Wasserzauberer nannte. 'Zuerst die Natur verstehen und dann erst nachmachen' war ein anderer Kernsatz von ihm.
Schauberger untersuchte die Interaktionen zwischen natürlich fließendem Wasser und dem Wald und entdeckte, daß Wasser bei einer Temperatur von 4° C am kraftvollsten ist. Er war auch davon überzeugt, daß Wasser durch falsche Behandlung krank werden konnte, während es bei richtiger Behandlung eine äußerst bewegliche und gesunde Flüssigkeit war. Stillstand hat seiner Meinung nach schlechte Folgen für das Wasser.
Ein weiteres Ergebnis seiner Untersuchungen war, daß die Umgebung von Quellen besonders artenreich ist. Fische legen ihre Eier z.B. gerne in der Nähe von Quellen ab. Zu viel Sonnenlicht ist schlecht für das

Wasser, wußte Schauberger – sein Vater hatte ihm erzählt, daß Sonnenlicht das Wasser müde und faul macht. Tatsächlich trocknen Quellen, die schutzlos dem Sonnenlicht ausgesetzt sind, früher oder später aus. Bei Nacht hingegen fließt das Wasser lebendig und frisch. Überhängende Bäume und Sträucher sorgen häufig für den nötigen Schatten.
Schauberger, der oft das Wasser und die Fische darin beobachtete, wunderte sich, daß Forellen fast ohne ihre Flossen zu bewegen in der Strömung stehen können, als ob sie dort fest verankert seien. Wenn sie erschreckt werden, flüchten sie stromaufwärts, wenngleich es naheliegender wäre, daß sie stromabwärts entweichen. Das war nur eine von vielen Wahrnehmungen, die ihm zu denken gaben. Schließlich verstand er, daß frei strömende Flüsse aus sich selbst heraus einen Energiestrom generieren, der gegen die Strömungsrichtung verläuft. Fische und Wasserpflanzen nutzen dies. Je schneller sie stromaufwärts ziehen, umso besser wird die Wasserqualität.
Auf Basis dieser Entdeckung entwickelte der Förster eine Wildwasserbahn, auf der auf fast genial einfache und schnelle Weise Bäume transportiert werden konnten. Das hatte aber den Nachteil, daß nun auch mehr Bäume gefällt werden konnten, was den Naturliebhaber Schauberger sehr schmerzte. Dicht bewachsene Bachufer verloren ihren Bewuchs und damit ihre Harmonie. Eine Aufforstung fand nicht statt. Die Bäche wurden buchstäblich wild. Sie traten über die Ufer, dann wieder trockneten sie einfach aus. Schauberger erkannte darin den Anfang vom Ende und warnte die Welt vor den Folgen seiner Erfindung. Doch niemand hörte darauf. Das Geld, was damit verdient wurde, wurde in der Wirtschaft benötigt. Holz versprach einen gewinnbringenden Handel.
Doch Schauberger resignierte nicht. Regelmäßig ließ er seinen Protest gegen die Abholzung der Wälder vernehmen und versuchte zugleich sein Bestes, der Natur ihr Gleichgewicht zurückzugeben. So entwickelte er eine Methode, den Flüssen ihre spiralförmige Energie wiederzugeben und entwickelte eine Platte, die das Leitungswasser in eine spiralige Drehbewegung versetzte. Er glaubte, daß das Wasser genau wie die Erde ein lebendiger Organismus ist, mit dem die Menschen nicht unbedacht umgehen dürfen. Doch seine Theorien stießen auf taube Ohren. Mit leidenden Augen mußte er zusehen, wie die Wälder zugrunde

gerichtet wurden und die Menschen aus der Natur einen Trümmerhaufen machten. Und dabei wurde in der letzten Zeit klar, daß ein falscher Umgang mit dem Wasser weitreichende Folgen hat. Ab etwa 2025 droht ein enormer Wassermangel, der zwei Drittel der Erdbevölkerung dursten lassen wird...

Spiralen

Die Energie, die Viktor Schauberger in der Strömung entdeckte, wird Vortexenergie (oder Wirbelenergie) genannt. Sie ist eine vollkommen natürliche Urkraft, die in verschiedenen Ausprägungen in der Natur vorkommt. Sie wird durch die Wirbelung erzeugt, welche die Kraft nach oben oder nach unten treibt und die Masse auf einen bestimmten Punkt drängt. Sie finden die Vortexenergie auch in einigen Tänzen, etwa dem Spiraltanz oder dem Drehtanz der Derwische (Feuer), in Tornados (Luft), in Strudeln oder den Drehungen abfließenden Badewassers wieder. Unsere Chakren sind wirbelnde Energien und auch Kornkreise entstehen durch solche Vortexenergie, ebenso gedrehte Baumstämme oder die drehend herabfallenden Blätter im Herbst. Denselben Effekt finden Sie in der Tierwelt. Schneckenhäuser, die Schale des Nautilus und viele andere unterseeische Formen sind so entstanden. Die DNA-Stränge (Doppelhelix) aller Organismen unseres Planeten sind spiralförmig gedreht. Diese Form kehrt auch im Symbol des Caduceus oder Hermesstabes wieder und in der Kundalini-Energie (mehr dazu im Buch über das Element Feuer). Deshalb erscheint es mir auch unvorstellbar, daß die Wissenschaft die Existenz von Erdstrahlen leugnet, wo doch deutlich Varianten dieser Spiralenergie in der Natur sichtbar sind. Am Stamm eines gedrehten Baumes oder einer sich empor windenden Klematis kann man doch deutlich ablesen, welche Energie dort wirkt.

Das Vitalisieren von Wasser

Wasser ist momentan ein sehr ernst genommenes Forschungsgebiet, da der Erde unmittelbar ein großer Wassermangel bevorsteht und unser Planet bedrohlich verschmutzt wird. Neben Schauberger gibt es noch zahllose weitere Forscher, die zur Erforschung des Wassers beigetragen haben. Die Ergebnisse Schaubergers wurden in nachfolgenden Studien

geprüft, bei denen sich herausstellte, daß man schon mit einfachen Apparaten aus Kupfer hervorragende Effekte erzielen konnte.
Theodor Schwenk, ein deutscher Hydrotechniker, zeigte die Relationen zwischen totem und lebendem Wasser, indem er Wassertropfen unter dem Mikroskop fotografierte. Er ließ einen Tropfen Wasser auf eine bestimmte Oberfläche fallen, belichtete diese auf spezielle Weise und fotografierte das entstandene Muster. Daran konnte er erkennen, wie das Wasser oder eine zugefügte Substanz sich zusammensetzte.
Es fiel Schwenk auf, daß die entstehenden Muster von der Wassertemperatur, der Umgebung und der Zusammensetzung des Wassers abhängig waren. Die Beweglichkeit, die Wasser aus natürlichen Quellen kennzeichnete, war in der Regel nicht in aufbereitetem Trinkwasser aus verschmutzten Quellen vorhanden. Es zeigte nicht die gleichen sogenannten Rhythmusmuster, welche dort viel schwächer ausgeprägt waren. Auch hatte dieses Wasser im Vergleich zu natürlichem Quellwasser weniger Auftrieb.
Ein anderer Forscher, Johann Grander, fand heraus, daß man Wasser wieder optimieren kann, indem man es mit magnetischem Wirbelstrom gehandelt, welches die Vortexenergie wieder erweckt. Dadurch regeneriert sich die natürliche Struktur und negative Energien, die im Wasser gespeichert sind, werden entfernt. Genau wie ein Tonband Geräusche aufnehmen kann, ist Wasser in der Lage energetische Muster aufzunehmen.
Dr. David Schweitzer, Enkel des berühmten Arztes Albert Schweitzer, entdeckte 1996, daß Wasser ein Gedächtnis für Stoffe hat, mit denen es einmal in Berührung gekommen ist. Mit einem speziellen Mikroskop betrachtete er Wassertropfen unter einer bestimmten Lichteinwirkung. Die Reaktion des Wassers auf das Licht änderte sich, je nachdem wie er seine Gedanken lenkte. Mit positiven Gedanken strahlte das Wasser unter dem Licht kräftiger, bei negativen Gedanken erschien es matt. Die Wirkung des positiven Denkens auf Wasser ist damit erwiesen.
In einer anderen fotografisch-analytischen Studie untersuchte Schweitzer Wasser aus verschiedenen heiligen Quellen aus aller Welt, das er in Behältern jahrelang in einem Regal aufbewahrte. Noch nach langer Zeit enthielt dieses Wasser dieselben erstaunlichen biophotonischen Strukturen. Wasser hat also offenbar ein Gedächtnis. Umso interessanter sind diese

Ergebnisse, als hier wissenschaftliche und spirituelle Überzeugungen einander endlich die Hand reichen können.

Krankes und gesundes Wasser

1999 publizierte der japanische Wissenschaftler Masaru Emoto sein Buch *Die Botschaft des Wassers.* Darin sind Fotos enthalten, die beweisen, daß Musik, Worte, Gebete und positive Gedanken einen Einfluß auf Wasser ausüben. Die molekulare Struktur wird dadurch verändert. Mit anderen Worten: Was wir denken, tun und sind, ist von großer Bedeutung für das Wasser. Die Schwingungen, die wir aussenden, werden vom Wasser aufgenommen.

Diese Auffassung wird seit langem von Esoterikern vertreten. Dasselbe geschieht mit Schwingungen, die sich in der Luft fortbewegen. Auf diese Weise wirkt Magie. Luft und Wasser sind die kraftvollsten Medien zur Weiterleitung von Schwingungen.

Das Wasser, das wir täglich aus dem Wasserhahn entnehmen, ist zwar sauber, aber die Mineralien sind weitgehend herausgefiltert. Wasser kann in einem natürlichen gesunden Zustand kann sich selbst regenerieren. Dieses Fähigkeit geht aber verloren, sobald es nicht mehr frei

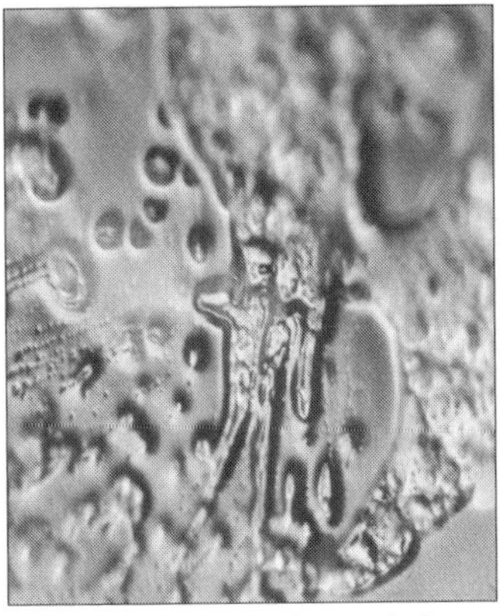

Wasser unter dem Einfluß negativer gedanken ...

Sag nur mal ‚Danke' und du erhälst ein wunderwasser.

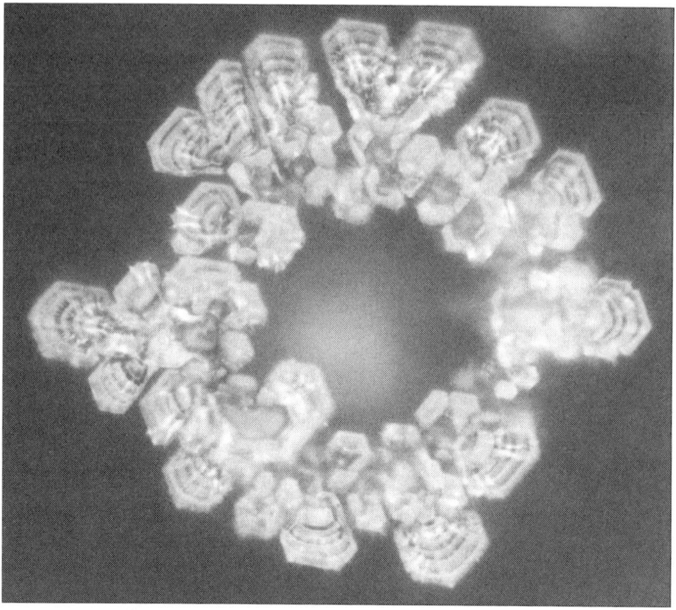

Pilger haben einen der Heilkraft des Quell-Wassers von Lourdes förderlichen Einfluß

fließen kann. Es paßt sich an die Umgebung an und verändert seine Form, wo es nötig ist. Das bedeutet, daß Wasser in der Nähe einer hektischen, überfüllten Stadt schnell seine Vitalität verliert. Ein frischer, quirliger Bach verwandelt sich in ein trauriges, dumpf strömendes Flüßchen, welches im schlimmsten Fall im Boden versickert und vertrocknet bis zuletzt nach Luft schnappend, nach Sauerstoff.

Masaru Emoto fror das Wasser ein und betrachtete die Kristalle unter dem Mikroskop. Selbst das kälteste Herz würde sich beim Anblick nicht unberührt zeigen. Armes, krankes Wasser – das ist der erste Gedanke, der in den Kopf kommt, wenn man die braunen, griesgrämigen Gewitterwolken sieht, welche durch die Kristalle geformt werden. Diese formlosen Kartoffelsäcke sehen richtig ausgelöscht, krank und schmie-

rig aus. Bei solchem Anblick vergeht einem die Lust, dieses Wasser zu trinken. Was würde es wohl in den eigenen Körperzellen anstellen?
Emoto beeinflußte Wasser mit negativen Gedanken wie ‚Ich muß kotzen, wenn ich dich sehe' und ‚Ich hasse dich'. Man braucht nicht viel Phantasie, um die Wasserkristalle zusammenschrumpfen zu sehen, sich unangenehm bräunlich verfärbend, als wollten sie sagen, Rühr mich nicht an, ich bin schon weg, ich bin nicht gut für dich'. Man konnte fast meinen, diese Tropfen hätten einen Minderwertigkeitskomplex bekommen.
Wasserkristalle, die mit Musik von Beethoven verwöhnt wurden, schienen hingegen geradezu zu tanzen. Sie sahen frisch, zart und fröhlich aus, fast wie Tortenspitze unter einem Geburtstagskuchen. Solche Tropfen können nur wie Ambrosia auf der Zunge zerschmelzen. Ihre Energie muß heilend sein, das geht gar nicht anders. Solche Kristalle bilden übrigens genau die Form, die schon Plato mit dem Wasser in Verbindung brachte: Ikosaeder, Zwanzigflächner.
Man kann die Forschungen Emotos mit Fug und Recht bahnbrechend nennen. Wir können nun nicht mehr daran zweifeln, daß alles um uns herum mit unserem tiefsten Selbst in Kontakt steht. Sie zeigen auch, daß wir unsere eigenen Körperflüssigkeiten und die anderer beeinflussen können. Sie beweisen, was die Esoterik schon seit langem nachzuweisen suchte, was aber immer wieder von Skeptikern verhöhnt wurde: Unsere Erde ist ein lebendiges Wesen und unser Wasser ist so kostbar wie unser Blut. Denken Sie nur daran, was schlechte Gedanken mit Ihnen machen und was geschieht, wenn Sie jemandem den Tod wünschen. Was aber wird erst geschehen, wenn Sie täglich Ihren Lieben sagen, wie toll sie sind und wenn Sie die Bäume, Pflanzen und das Wasser aus dem Wasserhahn liebevoll ansprechen? Und vergessen Sie sich selbst nicht. Auch Sie selbst brauchen einen liebevollen Umgang...

Wasser vitalisieren

Es kostet nur wenig Zeit und Mühe, Ihr tägliches Trinkwasser positiv aufzubereiten. Nehmen Sie ein Glas Mineralwasser und halten Sie es eine Weile fest in beiden Händen, während Sie positive Gedanken und Liebe hinein strömen lassen. Noch besser ist frisch vitalisiertes Wasser, welches Sie mit entsprechenden Apparaturen aufbereiten. Diese gibt es u.a. im Esoterikhandel.

Wünschelrute

Schon zur Zeit der Sumerer war die Wünschelrute gebräuchlich. Man sah in ihr ein Werkzeug der Götter. Später wurde die Wünschelrute ein übliches Mittel, um Wasseradern aufzuspüren. Einige Voraussetzungen waren notwendig, um eine Wünschelrute verwenden zu können. Die Rute selbst mußte mit einem Messer aus Gold oder Stein mit einem einzigen Schnitt von einem Haselnußbusch geschnitten werden. Währenddessen mußt ein bestimmter Zauberspruch aufgesagt werden. Die beiden oberen Enden der Astgabel mußten von exakt gleicher Länge sein, ca. 50 cm lang, während das untere Ende etwas kürzer sein mußte als die Gabelzweige. Der Schnitt durfte ausschließlich in der Johannisnacht am 24. Juni geschehen. Nicht jeder kann mit einer Wünschelrute umgehen, daß ist inzwischen wissenschaftlich erwiesen. Es ist eine Gabe wie die Hellsichtigkeit. Ein guter Wünschelrutengänger kann zuverlässig und regelmäßig Wasseradern oder Metalle finden. Früher wurde das oft von Hexen oder Priestern gemacht. Wenn Sie selbst ausprobieren möchten, ob Sie die Begabung zum Wünschelrutengehen haben, müssen Sie folgendes tun: Legen Sie Ihre Ellenbogen eng an den Körper. Nehmen Sie die Astgabeln locker in beide Hände, so daß die Vorderkante, der Stiel, nach vorne zeigt. Ihr Körper wirkt wie eine Kompaßnadel und bei der richtigen Richtung schlägt die Wünschelrute aus. Entweder schlägt der Stiel zu

Jeden Monat wird weltweit am 25. ein 'Liebe und Dank an das Wasser'-Tag gehalten. Ziel ist, daß Sie an diesem Tag kurz innehalten und all Ihre Energie und Liebe auf das Wasser projizieren. Gehen Sie zu diesem Zweck an einen Ort, wo Wasser ist (Bach, Fluß, See) oder lassen Sie Ihre positiven Gedanken einfach zu Hause in ein Glas Wasser strömen. Visualisieren Sie, daß es dabei um alles Wasser auf diesem Planeten geht. Sagen oder denken Sie Ich liebe dich und Ich danke dir, Wasser. Es ist ganz leicht, sich diese Worte anzugewöhnen und bei jedem Glas Wasser, daß Sie trinken zu sagen oder zu denken. Kleben Sie sich vielleicht einen Merkzettel an jede Wasserstelle in Ihrer Wohnung.

Ihnen hin oder von Ihnen weg. Es kann auch sein, daß Sie selbst bestimmte Empfindungen verspüren (Kribbeln o.ä.). Das ist zusätzlich sehr hilfreich beim Aufspüren von Wasseradern. Freuen Sie sich also, wenn Sie solche Empfindungen haben.

WASSER IN DER ASTROLOGIE

Das Element Wasser gehört zu den Tierkreiszeichen Krebs, Skorpion und Fische, zum vierten, achten und zwölften Haus. In der Astrologie gibt es zwölf Häuser, oder Lebensgebiete, die jeweils mit den Tierkreiszeichen, den Elementen und den Planeten verbunden sind. Jedes Zeichen gehört zu einem Haus bzw. einem Planeten. Die Planeten und Häuser werden in den Büchern dieser kleinen Elemente-Serie nur kurz behandelt.

Krebs
Wasserzeichen, regiert vom Mond
Tag: Montag
Magische Arbeit: Wohnung, Familienleben, Liebe, Emotionen, das Heim, Mutterschaft, Familie, Divination, psychische Entwicklung, Eindrücke, Rituale
Stein: Perle, Jaspis, Koralle, Jade, Opal, Mondstein, Smaragd
Kräuter und Gewürze: Kamille, Anissamen, Gardenie, Mohnsamen
Öle: Ylang-Ylang, Sandelholz, Mimose, Kampfer, Jasmin, Myrrhe
Metall: Silber
Farbe: grau und grün, weiß, hellblau, silber, hellrosa
Körperteil: Brust, Magen, Bauch, Gebärmutter
Besonders empfindlich für: Hyperventilation, Magenbeschwerden, rheumatische Leiden, Beschwerden an Bauch, Brust und/oder Gebärmutter, Augenprobleme

Sonne in Krebs (22. Juni – 22. Juli)

Sie leben eher in der Vergangenheit als in der Gegenwart und können manchmal nur schwer loslassen. Ihr Zuhause und Ihre Familie bedeuten Ihnen alles. Man findet Sie regelmäßig in der Küche, wo Sie zusammen mit den Kindern voller Freude Kekse backen oder große Mahlzeiten kochen. Sie legen großen Wert auf Ihre Herkunft. Ihre Eltern und Geschwister sind sehr wichtig für Sie. Traditionen versuchen Sie - so gut es nur geht - aufrecht zu erhalten. Wenn andere Sie brauchen, können Sie auf Ihre Hilfe zählen. Wenn jemand Sie verletzt, ziehen Sie sich tief empört und beleidigt in Ihr Schneckenhaus zurück. Sie neigen ein wenig zur Opferhaltung. Wenn Sie selbst etwas nicht bekommen, so wie Sie es wollten, dann werden Sie sehr nörgelig. Als Kind stampften Sie dann wahrscheinlich bockig mit dem Fuß auf und tun dies womöglich auch noch als Erwachsener. Sie sind ein geborener Sammler und sammeln vor allem Antiquitäten, Silber und Geld. Das liegt zum einen an Ihrem Unvermögen, loszulassen aber auch an Ihrer Raffgier. Sie haben ein großes Bedürfnis nach Geborgenheit, und die schaffen Sie sich - so gut es geht - auch selbst. Ihre Gefühle ziehen Sie zuweilen wörtlich in die Tiefe. In Ihrer Liebe sind Sie treu und bedingungslos. Der Krebs ist eng mit dem Mond verbunden, was einen ausgeprägten Instinkt und eine große mediale Begabung verspricht. In Ihrem Tun und Lassen zeigen Sie sich oft launisch. Geld fasziniert Sie. Manchmal erscheinen Sie dadurch etwas habgierig.

Aszendent Krebs

Sie handeln immer nach Gefühl, aus dem Bauch heraus. Wenn Sie jemanden mögen, zeigen Sie das sofort. Wenn Sie jemanden nicht mögen, reagieren Sie distanziert und vielleicht sogar abweisend, wohl aus Angst, selbst verletzt zu werden. Sie spüren Kummer bei anderen sofort und weinen im Kino bei traurigen Szenen garantiert heftig mit. Sie lassen sich aber auch von Freude und Spaß anstecken und gehen dann voll aus sich heraus. Sie erscheinen etwas schüchtern. An schlechten Tagen können Sie extrem launisch sein und damit für andere eine Qual. Niemand darf dann auch nur ein falsches Wort sagen, dann brechen Sie in Sturzbäche von Tränen aus und sparen nicht mit heftigen Vorwürfen, weil niemand Rücksicht auf Ihre Gefühle nähme. Achten Sie schon aus reinem Selbstschutz genau auf Ihre Intuition. Wenn Sie sich irgendwo ober bei irgendetwas nicht wohl fühlen, dann lassen Sie die Finger davon.

Mond in Krebs

Hypersensibel, mütterlich, verrückt nach Kindern, Familienmensch, intuitiv, kann schlecht mit Kritik umgehen, emotional abhängig. Sie können sich auf Gefühle anderer derart einstellen, daß es schon fast mediale Züge hat. Weil Sie so sensibel sind, sehen Sie manchmal Probleme, wo gar keine sind und fühlen Sie schnell zurückgewiesen, selbst wenn dem gar nicht so ist. Dann reagieren Sie pikiert und ziehen sich zurück. Kritik können Sie gar nicht leiden, auch Streit oder anderen Problemen gehen Sie lieber aus dem Weg, denn darauf reagieren Sie verstört und ziehen sich schnell in Ihr Schneckenhaus zurück. Mit einem lieben Wort kann man Sie aber daraus wieder hervor locken. Sie kümmern sich intensiv um Ihre Umgebung und können sich leicht in andere einfühlen. Sie sind darüber hinaus ein guter Zuhörer. Die Familie, namentlich die Eltern, spielen in Ihrem Leben eine wichtige Rolle. Es fällt Ihnen schwer, Menschen loszulassen, sie zehren lange von Erinnerungen, die für Sie von emotionaler Bedeutung sind. Sie lieben es, Menschen um sich zu haben, vermutlich fällt es Ihnen sogar schwer, allein zu sein. Sie haben die Gabe, das andere sich bei Ihnen wie zu Hause fühlen. Wie ein Glucke umsorgen Sie Ihre Kinder und es kann Probleme geben, wenn Ihre Kinder selbständig werden und sich Ihrem Einfluß zu entziehen versuchen.

Skorpion

Wasserzeichen, regiert von Pluto
Tag: Dienstag
Magische Arbeit: Austreibung, Selbstverteidigung, Mut, Leben und Tod, Sex, Steuerangelegenheiten, Macht, Empfängnis
Stein: Opal, Hämatit, roter Jaspis, Malachit, Achat, Granat, roter und schwarzer Turmalin, Rubin, schwarzer Opal
Kräuter und Gewürze: Basilikum, Koriander, Ingwer, Pfefferminze
Öle: schwarzer Pfeffer, Minze, Sandelholz, Patchouli, Thymian
Metall: Plutonium

Farbe: dunkelrot, giftgrün
Körperteil: Geschlechtsorgane, Dickdarm
Besonders empfindlich für: Pilzinfektionen, Probleme mit dem Dickdarm, Schlaflosigkeit

Sonne im Skorpion (23. Oktober – 21. November)

So oberflächlich, wie der Fisch es sein kann und so mütterlich wie der Krebs, so inständig und heftig kann der Skorpion sein. Wer Sie zum Gegner bekommt, sollte sich schützen, denn Ihr scharfer Stachel ist berüchtigt. Sie werden von leidenschaftlichen Gefühlen getrieben, die wie eine Kombination von Feuer und Wasser wirken. Manchmal werden Sie von Lust und Liebe geradezu verzehrt, dann wieder ergehen Sie sich in tiefsten Haßgefühlen. Dazwischen scheint es für Sie nichts zu geben. Sie sind sehr kritisch, nicht nur gegen Ihre Umgebung sondern auch gegenüber sich selbst. Als Perfektionist machen Sie keine halben Sachen. Oberflächlichkeit ist Ihnen zuwider. Sie haben ein tiefes psychologisches Interesse und neigen dazu, das eigene Seelenleben und das anderer zu ergründen.

In Ihren Liebesangelegenheiten geht es oft um Eifersucht, starke Sehnsucht und Besitzdrang. Wenn es etwas zu verteidigen gibt, dann kämpfen Sie mit Feuer und Schwert, bis Sie buchstäblich tot umfallen. Das verleiht Ihnen eine Kraft, die kein anderes Tierkreiszeichen besitzt. Der Skorpion ist daher ein Zeichen der Umwandlung. Aber es gibt keine Umwandlungen, die nicht mit großen Anstrengungen verbunden sind. Letztlich genießen Sie es, Sie können einfach nicht ohne die heftigen Ausbrüche leben, die mit Transformationen verbunden sind. Doch verbergen Sie Ihre Heftigkeit zunächst so lange wie möglich vor anderen, bis der Vulkan ausbricht.

Aszendent Skorpion

Ihnen gelingt es, bis in die tiefsten Tiefen der Seele anderer einzudringen, ohne selbst etwas von Ihrem Seelenleben sehen zu lassen. Das verleiht Ihnen eine geheimnisvolle Aura, die andere ebenso fasziniert wie irritiert. Sie sind der perfekt Pokerspieler, der in der Lage ist, trotz größter Aufregung so zu tun, als ob nichts wäre, selbst wenn Ihnen der Kopf schwirrt. Kühl und klar, so kennt die Außenwelt Sie. Wenn es aber jemandem gelingt, in Ihr Inneres vorzudringen, wird er über Ihre tiefen, überschäumenden Gefühle staunen, die Sie von einer extremen Situation in die nächste führen. Sie sind eine faszinierende Person, die viele Menschen vor ein Rätsel stellt. Zudem Sind Sie sehr charmant und freundlich.

Mond in Skorpion

Geheimnisvoll, heftig, jähzornig, eifersüchtig, mysteriös, tiefgehend und explosiv, konfrontierend, intensiv. Höchste Höhen und tiefste Täler, das paßt genau zu Ihnen. Sie graben sich bis in die hintersten Ecken Ihrer Seele vor, um herauszufinden, was da los ist. Häufig genug verstehen Sie Ihre eigenen heftigen Gefühle jedoch nicht und das wirft Sie ein wenig aus der Bahn. Sie sind auch sehr neugierig auf alles, was sich unter der eigenen Oberfläche und der anderer verbergen mag. Das reizt Ihre psychologische Neigung. Sie können andere durchaus vor den Kopf stoßen, denn Sie lieben es, bei anderen das unterste nach oben zu kehren, können es selbst aber nicht leiden, mit eigenen Unzulänglichkeiten konfrontiert zu werden. In alles, was auch nur im entferntesten nach Geheimnis riecht, stecken Sie Ihre Schnüffelnase hinein, denn Sie müssen einfach die Hintergründe kennen. Das Ausbaldowern geheimer Informationen kann Ihnen große Befriedigung verschaffen. Andere sehen Sie als in jeder Hinsicht heftige Persönlichkeit. Viele bewundern Sie dafür, viele wechseln aber lieber die Straßenseite, wenn sie Sie kommen sehen. Sie lassen Ihre Gefühle, so stark sie auch sein mögen, nicht nach Außen dringen. Doch wenn sich einiges aufgestaut hat, dann reagieren Sie extrem aufbrausend. Fremden erscheint dies dann ziemlich überzogen, doch nur Sie allein wissen, was dem alles vorausgegangen ist.

Fische

Wasserzeichen, regiert von Neptun
Tag: Donnerstag
Magische Arbeit: Visualisieren, Hypnose, Meditation, Yoga, Träume, Magie auf verschiedenen Gebieten, Karma, Enthüllen von Geheimnissen
Stein: Türkis, Jade, Mondstein, Perle, Opal, Aquamarin, Amethyst, Kunzit
Kräuter und Gewürze: Kamille, Hopfen
Öle: Rosmarin, Zeder, Majoran, Lavendel, Flieder, Baldrian, Kampfer

Metall: unbekannt
Farbe: meergrün, silber und hellblau, grau
Körperteil: Füße
Besonders empfindlich für: Fußpilz, Durchblutungsstörungen in den Füßen, Frostbeulen, sehr empfindlich gegen Arzneien, Drogen und Alkohol, Vergiftung, Sucht, geistige Verwirrung

Sonne in den Fischen (19. Februar – 20. März)

Sie machen gerne alle Moden mit, denn es geschieht häufig, daß andere Ihre Vorstellungskraft mit ihren begeisterten Berichten anregen. Wenn Ihnen jemand enthusiastisch erzählt, wie toll es ist, Lehrer zu sein, dann werden Sie sich schnell Ihre eigenen Gedanken und Vorstellungen davon machen, ohne die faktischen Bedingungen dieses Berufs zu sehen. Niemand sollte es dann wundern, wenn Sie voll Überzeugung Lehrer werden, aber nach einer Weile den Job wieder an den Nagel hängen, weil Sie den Trubel und den Streß an der Schule doch nicht ertragen können. Eigentlich wissen Sie nicht wirklich, was Sie im Leben wollen. Das führt dazu, daß Sie häufig Beruf, Laufbahn und auch Beziehungen wechseln. Ein Wortsplitter von jemand anderem reicht schon aus, Sie zum Träumen zu bringen. Fische mögen die Konfrontation nicht und machen sich schnellstens davon und verstecken sich an einem sicheren Ort, wo sie sich dann die schönsten Dinge zurecht phantasieren. Sie haben Schwierigkeiten mit Grenzen, sowohl bei sich selbst als auch bei anderen. Natürlich müssen Sie heute oder morgen wieder auf die Erde zurückkehren, doch bis dahin ist das Schlimmste ja schon sicher vorbei. Andere verstehen Sie nicht und finden Sie unstrukturiert. Vor allem haben Sie Probleme damit, daß Sie nicht sonderlich verantwortungsbewußt handeln. Sie haben eine ausgeprägte Intuition und sind sehr empfänglich für atmosphärische Störungen. Sie können derart gut phantasieren, daß Sie manchmal selbst glauben, was Sie sich zurecht gedacht haben. Manchmal verstricken Sie sich in Ihren Lügengebäuden und machen sich dann vor, daß diese Lügen ja nur einen guten Zweck verfolgten. Sie neigen dazu, sich aufopferungsvoll zu zeigen und sich selbst hintan zu stellen, um anderen eine Freude zu bereiten. Versuchen Sie, Ihre Ideale etwas den Realitäten anzupassen. Es wäre doch schade, wenn nichts dabei herauskommt, oder?

Aszendent Fische

Sie sind beeinflußbar und den Wünschen anderer gegenüber sehr aufgeschlossen. Manchmal sind Sie so nachgiebig, daß Sie sich selbst vergessen. Zuweilen hören Sie eher auf die Aussagen anderer als auf Ihre eigene Intuition und geraten dadurch in Verwirrung. Sie wissen dann selbst nicht mehr, was Sie eigentlich wollen. Positiv sind Ihre medialen Fähigkeiten und Ihr Kunstsinn, womit Sie viel erreichen können. Auf der anderen Seite lassen Sie sich davon oft aber auch derart hinreißen, daß Sie sich in Kombination mit Ihrer überbordenden Phantasie und Ihrer übergroßen Opferbereitschaft selbst in große Schwierigkeiten bringen. Sie sind sensibel, sympathisch und sehr verletzlich. Ihre größten Fehler sind der Alkohol und Drogen. Diese Spitzbuben verstellen Ihnen nur den Blick und Ihre Empfänglichkeit für andere Bewußtseinssphären.

Mond in den Fischen

Träumerisch, feinfühlig, kreativ, freundlich, spirituell, beeinflußbar, unbegreiflich. Sie leiden unter Ihrem Fluchtverhalten, fühlen sich schnell als Opfer und sind manchmal reichlich unselbständig. Sie sind medial veranlagt und handeln intuitiv. Sie haben für jedermann ein freundliches Wort und neigen dazu, alles zu positiv zu sehen. Ideen anderer finden Sie oft derart beeindruckend, daß Sie sie einfach so übernehmen und gänzlich darin aufgehen. Dasselbe gilt für Tagträume. Sie sind dann zeitweise nicht für Ihre Umgebung erreichbar. Tagträume sind für Sie so lebendig wie die wirkliche Realität. In schwierigen Zeiten tauchen Sie einfach weg. Es würde nichts schaden, wenn Sie etwas realistischer wären. Sie lieben den Genuß und sind daher durchaus suchtgefährdet.

Wasserhäuser

Ein Tierkreiszeichen wohnt in einem Gebiet, welches weitere Einsichten in die Verhältnisse gibt. Diese Gebiete nennt man *Häuser.*

Das 4. Haus – Vergangenheit, Herkunft, die Mutter, das Heim, Immobilien, Familienwurzeln, emotionale Basis.

Das 8. Haus – Okkultismus, Wiedergeburt, Karma, finanzielle Angelegenheiten anderer (Banken, Darlehen, Erbschaften), Sexualität; Leben und Tod, das Unterbewußtsein, Tiefenpsychologie, Parapsychologie.

Das 12. Haus – Rückzug, das Verborgene, Mystische, Flucht, Aufopferung, Einsamkeit; das Überbewußtsein, das kollektive Unbewußte; geistige Gesundheit, Geheimnisse.

Planeten und Wasser

Die Häuser und Tierkreiszeichen werden von Planeten regiert. Ihre Eigenschaften finden sich damit auch in den Elementen wieder. Die komplette Tabelle finden Sie im Anhang *Korrespondenzen Astrologie.*

Mond: verbunden mit Krebs, Planet der Gefühle, der emotionalen Bedürfnisse, der Mütterlichkeit und der Weiblichkeit.

Neptun: verbunden mit Fische, Planet der Illusion, der Phantasie, der Träume und des Medialen, Spirituellen, Unbewußten, Instinktiven, der Inspiration.

Pluto: verbunden mit Skorpion, Planet der Tiefe, des Fruchtbaren, Zerstörenden und der Umwandlung, der Seele.

Viel, wenig oder kein Wasser

Möglicherweise ist in Ihrem Horoskop *wenig oder gar kein Wasser* vorhanden. Das bedeutet, daß Sie kaum Einfühlungsvermögen haben und nur wenig Verständnis für die Gefühle anderer aufbringen. Eine allzu sachliche Haltung ist die Folge. Womöglich sind Sie selbst hart und halten Menschen, die ihre Gefühle zeigen für Weicheier. Doch können Sie eine Menge von Menschen lernen, die viel Wasser in ihrem Horoskop haben. Die hochentwickelte Intuition beispielsweise, die Kraft der Vorstellung, was ein großer Vorteil sein kann. *Zu viel Wasser* im Horoskop kann dafür sorgen, daß Sie sehr gefühlvoll und manchmal auch sehr launisch sind. Zudem neigen Sie zu Opferverhalten. Sie vernachlässigen dann sich selbst, um anderen zu genügen. Häufig bekommen Sie dafür nicht zurück, was Sie gegeben haben und Ihre Ausgeglichenheit ist dahin. Es besteht die Gefahr, daß Sie die Belange anderer für Ihre eigenen Belange halten und sich sehr beeinflussen lassen. Dann erscheinen Sie naiv. Später sitzen Sie dann mit enttäuschten Gefühlen da und fragen Sie, warum Sie es haben so weit kommen lassen.

Erde

+ solide, vertrauenswürdig, praktisch, durchsetzungskräftig, zielgerichtet, verantwortungsbewußt, strukturiert

– materialistisch, dickköpfig, konservativ, phantasielos, pessimistisch

Feuer

\+ Lebensfreude, Begeisterung, Passion, Heiterkeit, Selbstvertrauen, optimistisch, temperamentvoll, leidenschaftlich, fleißig, tatkräftig, kreativ, abenteuerlustig, unternehmungslustig, herzlich

– aufbrausend, übertreibend, snobistisch, jähzornig, fanatisch, ungeduldig, egozentrisch, bringt nichts zu Ende, leichtsinnig, schroff

Wasser

\+ emotional, phantasievoll, feinfühlig, kreativ, aufgeschlossen, spirituell, mystisch

– sentimental, lamentierend, wechselnde Emotionen, psychotisch, nervös, weinerlich, Opfer, abhängig (von Menschen ebenso wie von Suchtmitteln)

Luft

\+ kommunikativ, sozial, unbekümmert, analytisch, philosophisch, originell, intellektuell, neugierig, erforschend, theoretisch, verstandesorientiert, rational

– übertrieben theoretisch, übertrieben analytisch, rationalisierend, Kontrollzwang, neurotisch, gefühllos

Konstellation von Sonne, Mond und Aszendent

Was für ein Mensch Sie sind, ob ein Feuer-, Erde-, Luft-, Wassertyp ober eine Kombination von allem, können Sie an der Konstellation von Sonne, Mond und Aszendent in Ihrem Geburtshoroskop ablesen. Die möglichen Kombinationen finden Sie in der Tabelle. Steht Ihr Mond in einem Wasserzeichen, Ihr Aszendent in einem Feuerzeichen und Ihre Sonne (auch als das Tierkreiszeichen bekannt) in einem Luftzeichen, dann können Sie in der Tabelle nachschlagen, welche positiven und negativen Eigenschaften die Kombination Luft - Wasser - Feuer hat. Wenn auch die übrigen Planetenstellung nicht unwichtiger sind, so zeigen Sonne, Aszendent und Mond doch wesentliche Kernpunkte: Wie und was Sie sind (Sonne), wie es mit Ihrem Gefühlsleben bestellt ist (Mond) und wie Sie sich verhalten (Aszendent). Der Aszendent ist das Tierkreiszeichen, welches zum Zeitpunkt Ihrer Geburt am östlichen Horizont erscheint. Diese drei liefern die wesentlichen Indikatoren für Ihren Typ. Die anderen Tierkreiszeichen, Planeten und Häuser stehen für eine Gesamtübersicht ebenfalls dabei.

Tabelle.
Einfluß der Elementeverteilung

Erde Wasser Luft Feuer

Sonne | Mond | Aszendent

+ Nüchtern, irdisch, ruhig, durchsetzungskräftig. Kreativ, kann Gefühlen Form geben.
– Passive, abwartende Haltung.

+ Emotionen können sehr schwanken, aber zum Glück bringt das Element Erde etwas Ruhe hinein.
– Zu viel Wasser sorgt für Schlamm, führt buchstäblich zur Verwässerung.

+ Nüchtern, durchsetzungskräftig und analytisch. Kreativ, vor allem verbal (schreiben, erzählen).
– Feuer fehlt, daher wenig Energie. Langweilig.

+ Nüchtern und ruhig, praktisch, kreativ, begeistert, fröhlich. Einfühlungsvermögen.
– Mühe mit theoretischen Dingen, beim Visualisieren und Vorausplanen.

+ Einfühlungsvermögen, paranormal begabt, denkt in Bildern, phantasievoll, feinfühlig, romantisch, kennt keine Grenzen.
– Hypersensibel, launisch. Fluchtverhalten, ‚schwimmt' ohne Ende und bringt damit andere zur Verzweiflung.

+ Große Gefühle werden manchmal von den Gedankengängen beiseite geschoben. Einfühlungsvermögen mit aufrichtiger Neugier kombiniert. Idealistisch, diplomatisch, lebendig.
- Analysen werden von Gefühlen beeinflußt, das Denken kann sich eintrüben. Zögerliches Verhalten.

+ Fähigkeit, andere zu verstehen, ohne sentimental zu werden. Nüchterne Feststellungen werden durch Verständnis abgerundet. Sehr kommunikativ und sozial eingestellt. Kann sich kraftvoll ausdrücken.
– Kann nur schlecht Kompromisse eingehen. Schwierigkeiten, sich anzupassen.

+ Überzeugungskraft, Vorstellungskraft. Kann geistreich schreiben und erzählen.
– Verkehrt in seiner eigenen Welt. Für andere unerreichbar, eigensinnig.

+ Handelt aus dem Bauch heraus. Aufrichtig. Spieldrang, geht aber nicht bis zum Letzten. Energisch.
– Selbstüberschätzung, findet sich dermaßen toll, daß er andere damit vor den Kopf stößt. Hang zum Pompösen. Rechthaber. Spielsüchtig, gewalttätig, unrealistisch.

+ Vorstellungskraft, ausgeprägte Phantasie, einfach im Umgang. Gutes Konzentrationsvermögen.
– Eigensinnig, verantwortungslos, tagträumerisch, beeinflußbar. Gibt zu schnell auf.

Den Mond finde ich derart faszinierend, daß ich ihm bereits ein ganzes Buch gewidmet habe: *Das magische Buch vom Mond.* Weitere Informationen über den Mond in den Tierkreiszeichen und Häusern Ihres Geburtshoroskopes finden Sie dort oder in den Ephemeriden. Wer sich intensiver mit Astrologie befassen möchte, sei auf die umfangreiche Literatur verwiesen. Sie können natürlich auch einen erfahrenen Astrologen aufsuchen, der Ihnen noch mehr über Sie erzählen wird.

HARMONIE FINDEN MIT DEM ELEMENT WASSER

Jedes Element ist in Ihrem Körper gegenwärtig. Es ist aber sehr selten, daß sie alle gleichmäßig verteilt sind. In Ihrem Geburtshoroskop können Sie genau ablesen, wie die Elemente verteilt sind. Manchmal ist ein Element kaum oder gar nicht vertreten, während ein anderes dominiert. Das ist nicht schlimm, denn die Lektionen des Lebens, die damit verbunden sind, sind wichtig für Sie. So gesehen können Sie selbst auf eigene Weise in Balance, in Harmonie kommen. Allerdings geraten Sie in Streßsituationen aus Ihrem normalen Gleichgewicht, weil ein Element plötzlich in den Vordergrund drängt oder völlig verschwindet. Nun ist das Geburtshoroskop nicht die einzige Möglichkeit herauszufinden, wer Sie sind. Schauen Sie, ob Sie sich in einer der folgenden Beschreibungen wieder finden. Auch Verhaltensweisen, die Ihnen völlig gegen den Strich gehen, können Hinweise geben. Mit Übungen können Sie Ihr Gleichgewicht wiederfinden.

Element Wasser ausgewogen:
Einfühlungsvermögen, sanft, bescheiden, liebevoll, feinfühlig, versöhnlich, kreativ, sympathisch, mutig, unabhängig, intuitiv, romantisch, aufgeschlossen, starke Träume, Vorstellungsvermögen, Fruchtbarkeit, sinnlich, treu, liebenswert, mitfühlend.

Element Wasser unausgewogen:
1. Zu viel Wasser
Folge: Ängstlich, unsicher, undeutlich, sorgenvoll, instabil, trotzig, unentschlossen, manipulierend, maßlos, hypersensibel oder eiskalt, Opferverhalten, widersprüchlich, oberflächlich, selbstsüchtig, gerät schnell in Panik, kann sehr argwöhnisch sein. Unbelehrbar, sehr beeinflußbar, hängt sein Mäntelchen in jeden Wind. Probleme mit Wahnvorstellungen, Fluchtverhalten oder Hypochondrie. Überrumpelt andere mit seiner Neigung, seine Nase in alles zu stecken, getarnt als Fürsorglichkeit. Hält Feuchtigkeit fest, daher Probleme mit Nieren und Blase.

Ausgleich durch Ernährung: Vermeiden Sie rotes Fleisch, Süßigkeiten, Brot und Kartoffeln nur wenig. Essen Sie vorzugsweise rohes oder gedünstetes Gemüse bzw. Fisch. Gut sind auch Radieschen, Bleichsellerie, Brunnenkresse, Kürbis, Spargel und frische Bouillon. Die japanische Küche ist eine gesunde Alternative. Trinken Sie lieber keinen Kaffee. Vermeiden Sie zuviel Wasser, verwenden Sie so wenig Salz wie möglich, statt dessen besser würzige Kräuter und Gewürze. Trinken Sie Pu-Erh-Tee und verwenden Sie Harn treibende bzw. ausschwemmende Kräuter wie Petersilie, Zitronenmelisse und Sellerie.
Ausgleich durch Übungen: Jemand mit zu viel Wasseranteil sollte Erde- bzw. Feuerübungen machen, z.B. Bauchtanz. Bewegung tut immer gut.

2. Zu wenig Wasser
Folge: Mißtrauisch, egozentrisch, wenig bis kein Mitleid mit anderen Menschen. Kommt nicht in Kontakt mit seinen eigenen Gefühlen und Bedürfnissen. Möglicherweise unterkühlt, gilt als kalt wie ein Frosch oder Eisklumpen. Ist daher selten imstande, intensive Beziehungen zu unterhalten. Ist selbstsüchtig, einsam und kann ‚leer' erscheinen. Hat trockene Haut und infolgedessen Probleme mit den Haaren und der Kopfhaut. Ermüdet schnell, ist angespannt, unruhig, hat Probleme mit dem Stuhlgang. Leidet an Schlaflosigkeit und Depressionen.
Ausgleich durch Ernährung: Essen Sie würzig und salziger, um den Durst anzuregen. Verwenden Sie beispielsweise mit Cayennepfeffer gewürzte Speisen oder indische Currys. Brot und Kartoffeln halten Feuchtigkeit fest. Probieren Sie indische, thailändische oder indonesische Gerichte. Essen Sie keine Süßigkeiten und vermeiden Sie Harn treibende Gemüse wie Möhren, Kohl, Porree oder Spargel, Molkereiprodukte, Seetang, Getreide und Naturreis.
Ausgleich durch Übungen: Jemand mit zuwenig Wasser sollte Übungen machen, die aktivieren. Gehen Sie also z.B. viel Schwimmen!

Prüfen Sie, ob Sie sich selbst in den folgenden Beschreibungen erkennen. Wenn einer dieser Charakterzüge dominiert oder kaum vorhanden ist, dann ist es angebracht, die Ausgeglichenheit wiederherzustellen. Besonders geeignet dafür ist, genau das zu tun, was Ihnen widerstrebt und die Dinge zu lassen, denen Sie eigentlich den Vorzug gäben. In der Tabelle auf Seite 70 können Sie mehr über Ihren Typ nachlesen.

Der Wasser-Typ

Wenn Sie sich selbst in dem Typ wieder erkennen, der sich von den Wogen der Emotionen davon tragen läßt – in die tiefsten Tiefen und höchsten Höhen – dann werden Sie sich wahrscheinlich in einer Umgebung mit viel Wasser so wohl fühlen wie der sprichwörtliche Fisch im Wasser. Sie sind ein Träumer mit großen Gefühlen, ein richtiges Kind Neptuns. Wahrscheinlich sehnen Sie sich nach einem Leben als Meerjungfrau oder Meermann. Nichts ist zu verrückt, solange es mit Wasser zu tun hat. Wasser bestimmt alle Gebiete Ihres Lebens. Sie trinken es, fühlen es, durchleben es. Vielleicht gehören Sie zu den ‚stillen Wassern mit tiefem Grund' oder Sie strömen einfach und spielerisch auf den Wellen eines rasch dahin fließenden Flusses. Alles, was Sie tun, hat mit dem Wasserleben in Ihnen aber auch in Ihrer Umgebung zu tun. Darum leben Sie vorzugsweise in der Nähe eines Flusses, Baches oder am Meer. Alle Wassersportarten sind für Sie geeignet, aber auch auf kreativem Gebiet können Sie sich grenzenlos austoben. Nicht selten findet man Sie mit einem Pinsel in der Hand, mit dem Sie Ihren Phantasien Ausdruck verleihen. Das Malen von Aquarellen wäre eine typische Ausdrucksform für Sie. Weitere Beschreibungen und Übungen finden Sie in den Büchern über die anderen Elemente.

Der Erde-Typ

Bedächtig, nüchtern, ruhig, möglicherweise etwas träge, dann und wann reichlich dickköpfig. Ein wenig Wasser kann helfen, das eigene Verhalten etwas flüssiger zu gestalten, damit Sie sich nicht so schnell fest beißen.

Der Luft-Typ

Wenn Sie intellektuell sind, gerne den Dingen auf den Grund gehen und die Analyse zur Kunst erheben, dann ist die Chance groß, daß Sie ein Luftmensch sind. Damit können Sie es natürlich auch übertreiben.
Machen Sie eine kleine Tour mit dem Segelboot übers Wasser. Genießen Sie das Spiel des Windes und der Wellen.

Der Feuer-Typ

Der Feuertyp kann sich derart ungestüm verhalten, daß ihm Überhitzung droht. Hier und da ein Spritzer Wasser bringt Abkühlung. Gehen Sie Schwimmen, aber nicht zu oft. Lassen Sie sich einfach im Wasser treiben, plantschen Sie ein wenig, ab und zu legen Sie einen kleinen Schwimmsprint ein. Genug aufgeladen? Dann gönnen Sie sich eine Partie Beach-Volleyball bis Sie nicht mehr können. Dann entspannen Sie im weichen Sand.

Was Sie tun können

Bauchtanz

Stehen Sie mit beiden Füßen fest auf dem Boden, die Knie leicht gebogen. Bewegen Sie die Hüften nach vorn, nach links, nach hinten und nach rechts, wie bei einem Bauchtanz. Die Hände stützen Sie dabei in die Seiten. Drehen Sie dann in die andere Richtung.

Das kleinste Zimmer wird zum Wasserpalast

Lassen Sie einmal Ihrer Vorstellungskraft freien Lauf und leben Sie Ihre Kreativität in Bad oder WC aus. Mit wasserfester Farbe und Schablonen können Sie schöne Wassermotive (Fische, Seesterne, Wellen etc.) an die Wand zaubern. Dazu passen Dekorationen aus Muscheln (s. S. 100). Suchen Sie dazu passende Accessoires in meergrün, türkis, weiß, blau und sandfarben dazu aus. Haben Sie ein Fenster im Bad, dann stellen Sie zwei schöne Gefäße mit selbstgemachtem, buntem Badesalz davor. Malen Sie einen passenden Spruch auf die Wand und zaubern Sie aus einem langweiligen weißen Duschvorhang ein maritimes Meisterstück, indem Sie mit Nadel und Faden Muscheln, Seesterne und anderes Strandgut daran befestigen. Ein an der Decke dekoriertes Fischernetz rundet das Ganze ab. Im WC bietet sich eine Fotowand aus Urlaubspostkarten oder -fotos an, die Sie von Freuden und Verwandten bekommen. Ein witziges Detail: Ersetzen Sie die Griffe am Badezimmerschränkchen durch Seesterne oder Muscheln!

Kreative Künste

Heftige Gefühle können Sie regulieren, indem Sie malen, zeichnen oder sich theatralisch ausdrücken. Besonders das Malen von Mandalas beruhigt ungemein. Wählen Sie beim Malen zarte Pastelltöne und meditieren Sie zuvor, um ruhiger zu werden.

Liebesmeditation

Machen Sie eine Liebesmeditation, bei der Sie sich auf Ihr Herzchakra konzentrieren.

Setzen Sie sich auf den Boden oder auf einen Stuhl, die Handflächen mit den Fingern zueinander auf der Brust. Die Finger sollen sich aber nicht berühren. Die Ellenbogen zeigen zur Seite. Beim Einatmen bringen Sie die Brust etwas nach vorn, beim Ausatmen breiten Sie die Arme aus. Lassen Sie hierdurch die Liebe hereinströmen und führen Sie beim folgenden Einatmen die Liebe zum Herzen, indem Sie die Hände dort wieder ablegen.

Seien Sie nett zu sich selbst

Mögen Sie sich auch selbst genug? Meditieren Sie über Eigenliebe und schreiben Sie danach eine Geschichte darüber, was Sie an sich selbst, an anderen und an Ihrer Mutter lieben.

Spielen

Schenken Sie Ihrem inneren Kind Aufmerksamkeit, indem Sie spielerisch Dinge tun wie:

- in Schlammpfützen patschen und darin tanzen,
- im Regen singen,
- sich völlig verrückt gebärden,
- einen Spielenachmittag für die ganze Familie organisieren.

Sich verwöhnen

Verwöhnen Sie Ihren Körper mit einem ausgedehnten Bad in duftenden Ölen, mit Massage, Sauna, Schwimmen (vorzugsweise nackt im Meer). Spüren Sie das Wasser Ihren Körper reinigen und entspannen. Mischen Sie sich selbst ein Badegel oder eine Body-Lotion.

Weitere Tips

- Lesen Sie historische Romane, Lehrbücher oder Lebensberichte.
- Räumen Sie die Wohnung gründlich auf und werfen Sie alles weg, was Sie nicht mehr brauchen.
- Treiben Sie Wassersport wie Segeln, Wasserski fahren, Schwimmen oder machen Sie einfach einen schönen Schiffsausflug.
- Unternehmen Sie Dinge, bei denen Sie Ihre Ängste vergessen. Be-

trachten Sie Ihren Lebensweg. Womit sind Sie zufrieden? Bitten Sie um Hilfe, wenn Sie welche brauchen.
- Verbringen Sie einen ganzen Tag mit der Vorbereitung und Zubereitung eines ausgiebigen Menüs für Ihre Kinder und Ihre Familie.
- Lassen Sie alte Sachen und Geschehnisse los.
- Gehen Sie einen Nachmittag in den Tierpark, besuchen Sie das Aquarium oder schauen Sie einen Tierfilm über das Leben im Wasser.
- Spenden Sie Geld für ein Projekt, das mit Wasser zu tun hat.
- Spüren Sie eine alte Quelle mit einer selbstgemachten Wünschelrute auf.
- Gönnen Sie sich eine Wechseldusche, wenn Sie mies gelaunt sind.

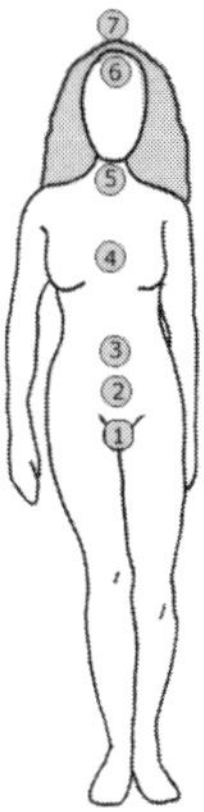

Wasserchakra

Milz- oder Kreuzchakra (2), auch Sexchakra
Sanskrit: Svadisthana
Farbe: orange
Dieses Chakra ist das Zentrum der Emotionen, der sexuellen Energie und schöpferischen Kräfte.
Wenn dieses Chakra gut arbeitet, können Sie mit Ihrer kreativen Energie gut umgehen. Sie sind dann ein kreativer Mensch, der sich ohne Mühe der Malerei, dem Zeichnen oder anderen Künsten hingeben kann. Sie lassen Ihre Gefühle frei strömen und leiden nicht unter Blockaden. Sie strahlen Selbstsicherheit aus, fühlen sich vital und wirken auf andere unwiderstehlich, frisch und aktiv. Wenn dieses Chakra blockiert ist, entstehen Probleme mit der Sexualität, beispielsweise sexuelle Obsessionen. Sie neigen daneben zu Fluchtverhalten, z.B. in den Alkohol oder andere Süchte. Sie haben Probleme mit Ihren Geschlechtsorganen, leiden an Infekten und Menstruationsstörungen oder leiden an Störungen, die mit den Körpersäften zu tun haben.
Übung
Heilend wirkt das Mantra VAM.
Visualisieren Sie ein strahlendes Orange und richten es auf das Milzchakra.

WASSERDIVINATION

Quellen waren früher häufig Schauplatz von Orakeln. Das reflektierende Wasser spiegelt die Seele wieder. Das Trinken heiligen Quellwassers öffnete die Augen für Zukünftiges.
Ein Junggeselle oder eine Jungfrau sollte am Abend vor Weihnachten aus drei verschiedenen Quellen trinken, ohne dabei zu sprechen, und dann mit dem Läuten der Glocken zur Messe die Kirche betreten. Dabei sollte sie/er den Blick zurück über die rechte Schulter werfen und dann ihren/seinen künftigen Ehepartner erblicken. Die bzw. der erste nämlich, die/der nach ihr/ihm die Kirche betrat, war es.
731 n. Chr. verbot Papst Gregor III. das Wahrsagen aus Quellen, was aber nicht verhinderte, daß es weiterhin populär blieb.

Tarot und das Element Wasser

Im Tarot[2] stehen die Kelche der Kleinen Arkana für Wasser-Themen wie Gefühle, Freude, Kreativität, Liebesbeziehungen, Freundschaften, Phantasie und Fluchtverhalten.
Legen Sie die Karten doch einmal nach folgender Elemente-Methode:

Luft – Schwerter
Feuer – Stäbe
Wasser – Kelche
Erde – Münzen / Pentakel

Feuer (Stäbe) und Wasser (Kelche) sowie Erde (Münzen / Pentakel) und Luft (Schwerter) schwächen einander ab.
Luft und Wasser verhalten sich neutral zueinander, ebenso Erde und Feuer. Die übrigen Kombinationen verstärken einander.
Feuer und Luft sind die aktiven Elemente, Wasser und Erde die passiven.

Im Buch über das Element *Erde* finden Sie ein Beispiel für eine Auslegung mit drei Karten nach der Elemente-Methode.

	Feuer (aktiv)	Wasser (passiv)	Luft (aktiv)	Erde (passiv)
Feuer (aktiv)	verstärkend	abschwächend	verstärkend	neutral
Wasser (passiv)	abschwächend	verstärkend	neutral	versterkend
Luft (aktiv)	verstärkend	neutral	verstärkend	abschwächend
Erde (passiv)	neutral	verstärkend	abschwächend	verstärkend

Kelche As

Die Karte des großen Glücks. Wahrscheinlich ist auch Liebe im Spiel. Es bricht eine offene, angenehme Zeit an. Es entwickelt sich etwas. Wenn Sie diese Karte ziehen, können Sie sicher sein, daß einiges geschieht. Sehen Sie das als Geschenk. Schlüsselworte: Liebe, Freundschaft, Kreativität und Spiritualität, Geschenk, Vergnügen, Ideen.

Kelche 2

Eine Unternehmung zusammen mit einem Freund oder Partner beginnen. Eine neue Liebe, eine Zeit voller Vergnügen und wundervoller Ideen. Schlüsselworte: Beginn, Zusammenarbeit, Freundschaft, Annäherung, Attraktivität, Polarität, Treffen, Sympathie.

Kelche 3

Ein Fest steht ins Haus und das verspricht Geselligkeit, Austausch mit anderen und ein Versprechen für die Zukunft. Das ist eine Belohnung für vorangegangene Anstrengungen. Dieses Zusammentreffen gibt frische Impulse. Schlüsselworte: Fest, Ernte, Vitalität, Glück, Wohlergehen, Hochzeit, Freude.

Kelche 4

Sie ziehen sich aus Enttäuschung zurück und sind nicht in der Lage, das zu genießen, was Ihnen angeboten wird. Wahrscheinlich resultiert das aus Ihrem Opferverhalten oder einem Gefühl der Unzufriedenheit oder Verletztheit. Sie wollen jetzt nichts anderes als Ihre Ruhe.
Schlüsselworte: Unzufriedenheit, Zurückweisung, Depression, Enttäuschung, Verletztheit, beleidigt sein.

Kelche 5

Sie fühlen sich niedergeschlagen, vielleicht einsam. Wahrscheinlich eine Folge eines Verlustes, den Sie nicht verwinden können. Sie beachten nicht, was Ihnen angeboten wird, Sie gehen ganz und gar in Ihrem Kummer auf. Etwas, was Sie so gerne wollten, konnten Sie nicht bekommen.
Schlüsselworte: Einsamkeit, Kummer, Reue, Abschied, Verzweiflung, emotionale Schmerzen.

Kelche 6

Erinnerungen, Freundschaft, Kontakte aus der Vergangenheit, Träumereien. Freuen Sie sich an dem Kind in Ihnen und denken Sie daran zurück, was Sie früher schön fanden. Dadurch beginnt Ihre Kreativität wieder neu zu fließen. Vertrauen und Offenheit. Schlüsselworte: Jugend, Erinnerungen, Heimweh, traditionelle Werte, Vertrauen, Naivität.

Kelche 7

Ihnen stehen verschiedene Möglichkeiten zur Wahl und die Entscheidung fällt Ihnen schwer. Das verführt Sie zu Tagträumen. Auf diese Weise können Sie sich aber gut vorstellen, welche Folgen Ihre Entscheidung jeweils haben könnte. Doch lassen Sie das nicht in Zögerlichkeit ausarten. Konfrontationen mögen Sie gar nicht, das wissen Sie. Sie neigen zu Fluchtverhalten. Schlüsselworte: Phantasieren, Selbstmitleid, Tagträume, Illusionen, Sucht.

Kelche 8

Aus freien Stücken etwas hinter sich lassen, das deutet auf Umzug oder Auswanderung hin. Eine emotionale Entscheidung, aber es ist besser so. Natürlich liegt eine gewisse Unsicherheit in der Sache, denn Sie wissen nicht, wohin Sie dieser Abschied führt. Schlüsselworte: Abschied, Weggehen, schwierige Periode, schmerzvolle Veränderungen.

Kelche 9

Sie genießen die gegenwärtige Situation aus vollen Zügen und geben sich ganz Ihren Bedürfnissen hin. Sie haben derzeit ausreichendes Selbstvertrauen. Wünsche manifestieren sich. Nach harter Arbeit können Sie nun endlich auch die schönen Seiten des Lebens genießen. Schlüsselworte: Wünsche, Bedürfnisse, Genuß, Lebensfreude, Schwangerschaft.

Kelche 10

Familie und Familienglück. Ein schönes Miteinander, in dem Sie ganz Sie selbst sein können. Es kann auch auf eine große Gruppe hindeuten, in der jeder jeden respektiert. Schlüsselworte: Ferien, Familie, Glück, Vergnügen, Ergebnis, Harmonie, die Seele, Teamgeist, Gruppe Gleichgesinnter.

Kelche Page

Ausgeprägte Intuition und übernatürliche Begabungen. Ihre Sensibilität versetzt Sie in die Lage, andere zu verstehen und Ihnen eine Botschaft zu überbringen. Schlüsselworte: Verwunderung, mystische Begabung, Unschuld, Reinheit, Liebe, Sanftheit, Einfühlungsvermögen.

Kelche Ritter

Leichtsinniges Verhalten, wobei sich die fragliche Person ganz auf ihr Gefühl verläßt. Ein Träumer, der an die ewige Freundschaft und Liebe glaubt. Aufgrund seine Gutgläubigkeit kann er in die verrücktesten Situationen geraten. Eine herzliche und liebevolle Person. Schlüsselworte: Naivität, Liebe, Wärme, Harmonie, Freude, Romantik, träumerisch, phantasievoll.

Kelche Königin

Emotionale Frau, die sich gegen das Unrecht in der Gesellschaft engagiert. Manchmal geht sie derart in ihrer Tätigkeit auf, daß ihre Stimmung davon beeinträchtigt wird. Dann gerät sie in ein emotionales Ungleichgewicht. Schlüsselworte: 'Königin der Dramen', Engagement, Empfänglichkeit, Offenheit, Liebe, feinfühlig, medial, Wohltätigkeitsarbeit, Einfühlungsvermögen.

Kelche König

Eine offene, engagierte Person, die sich für alles einsetzt, was ihr am Herzen liegt. Es geht ihm nicht ums Geld, eher um die Erfüllung seiner Wunschträume. Es muß sich gut anfühlen. Schlüsselworte: Handel, Abenteuer, Spiritualität, Engagement, Liebe, intuitiv.

Wahrsagen mit Muscheln

Sammeln Sie unterschiedliche Muscheln am Strand. Zu Hause zeichnen Sie diese Muscheln in Ihr Buch der Gezeiten (s. S. 99) und schreiben die symbolische Bedeutung dazu (s. S. 110). Lassen Sie Ihr Gefühl sprechen und hören Sie zu, was die Muscheln Ihnen über ihre jeweilige Bedeutung zu erzählen haben. Form und Äußerliches können dazu schon viele Hinweise geben. Notieren Sie die Bedeutung immer wieder, damit sie sich Ihnen einprägt.

– Für eine kleine Ja-Nein-Auslage wählen Sie eine Anzahl Muscheln aus, möglich nach einer magisch bedeutsamen Zahl, z.B. also 13 Muscheln. Das Spiel geht dann wie folgt: Stellen Sie eine Frage, die mit Ja oder Nein beantwortet werden kann und halten Sie die Muscheln jeweils ganz dicht vor Ihre Augen. Die Symbolik der Muscheln verrät Ihnen etwas mehr als nur Ja oder Nein, das ist das Schöne am Wahrsagen mit Muscheln. Ist die Antwort insgesamt Ja, dann können Sie die Aussage positiv interpretieren. Bei Nein ist das Ergebnis negativ.

- Für größere Auslagen wählen Sie beispielsweise 78 Muscheln aus. Nehmen Sie eine Sorte Muscheln und malen Sie Symbole (unter Verwendung alle in den vier Büchern beschriebenen Elemente-Symbole) darauf. Jetzt können Sie z.B. drei Muscheln nebeneinander legen und damit Aussagen über Vergangenheit, Gegenwart und Zukunft machen. Bewahren Sie die Muscheln in einem selbstgemachten Beutel auf und ziehen Sie dann jeweils blind die gewünschte Anzahl Muscheln für Ihre Auslage heraus.

Weitere Divinationsformen

Cleromantie – Wahrsagen mit Steinen oder Muscheln.

Traumdivination – Anhand von geträumten Symbolen, Farben und Stimmungen wird auf die Zukunft geschlossen. Der Träumende kann dies sehr wohl auch selbst tun. Durch die Aufzeichnung der Träume in einem Traumtagebuch wird einem vieles klarer.

Hydromantie – Wahrsagen aus der Farbe des Wassers, aus Ebbe und Flut sowie aus den Wellenverläufen, die entstehen, wenn man einen Stein ins Wasser wirft.

Spiegelstarren – Das Starren in einen Spiegel, der auf den Mond ausgerichtet ist. Der Spiegel soll die Mondstrahlen einfangen und diese werden gedeutet.

Kristallesen – Eine Magieform, bei der man in eine kristallene Kugel starrt.

Aquarellesen – Wahrsagen aus Wasserfarben oder anderen Farben auf Papier. Ganz spontan ohne Nachdenken wird dabei mit Farbe einfach auf Papier gemalt, was gerade an Bildern im Malenden aufsteigt. Dazu kann man zuvor eine Frage stellen. Wenn der Malende fertig ist, wird das noch feuchte Bild Farbe auf Farbe in der Mitte aufeinander gefaltet. Dann warten Sie eine kurze Zeit, schlagen es wieder auf und deuten das entstandene Muster.

Astraglomantie oder *Agyromantie* – Wahrsagen mit Würfeln. Das funktioniert auf unterschiedliche Weise, etwa indem man die Würfel in eine Schale mit Wasser wirft. Die Zahlen, die oben treiben, sagen etwas über den Betreffenden aus, ebenso die Richtung, in die sie treiben. Hierzu ist Hintergrundwissen über Numerologie und die Elemente nötig.

Tasseomantie – Das Deuten von Mustern aus Teeblättern, die nach dem Teetrinken in der Tasse zurückbleiben.

Dowsen - Diese Divinationsmethode arbeitet mit Pendeln und Wünschelruten. Unter anderen können damit Wasseradern und Erdstrahlen aufgespürt werden. Dowsen eignet sich besonders für die Beantwortung von Ja/Nein-Fragen.

WASSERMAGIE UND -RITUALE

Bei Wassermagie können Sie an alles denken, was mit Liebe, Emotionen und anderen Wasserthemen zutun hat.

Schlüsselworte: Fruchtbarkeit, Heilung, Freundschaft, mediale Fähigkeiten, spirituelle Liebe, Schönheit, Mitleid, Glück, Familienleben und Familienglück, Einweihung, Übergangsrituale, Meditation, Loslassen, das Unbewußte, Sinnlichkeit, Vergebung, Friede, Hingabe, das Heim, Intuition, Freundschaft.

Magie kann ein Bestandteil eines Hexenrituals sein. Meist beginnt dieses mit dem Ziehen eines Bannkreises[3] zum Schutz. Danach folgt beispielsweise eine Visualisierung, dann eine Magieform, je nachdem, welches Ziel Sie verfolgen. Ein Spruch oder Zauber ist wiederum ein Bestandteil der Magie. Ein Ritual kann auch aus nur einem Element bestehen, welches an ein wichtiges Geschehnis gekoppelt ist. Sie vollziehen ein Ritual schließlich nicht einfach nur zum Spaß, sondern müssen ein bestimmtes Ziel vor Augen haben.

Spiegelmagie

Magie durch Starren in einen schwarzen Spiegel oder in Wasser. Meist Bestandteil eines größeren Rituals.

Schnee- und Eismagie

Sehr einfache und effektvolle Magieform gegen lästige Personen. Ritzen Sie ein entsprechendes Symbol in einen Eisstiel und legen Sie diesen in ein

Schälchen mit Wasser, welches Sie dann in den Gefrierschrank stellen. Oder schreiben Sie auf einen Zettel, was Sie absolut ‚einfrieren' wollen. Legen Sie den Zettel zusammengefaltet in eine Eiswürfelform, gießen Sie Wasser darauf und stellen Sie die Form in den Gefrierschrank.

Muschel- und Meeresmagie

Kerben Sie entsprechende Symbole in Muscheln und verwenden Sie dies bei Ritualen als Amulett. Tun Sie dies anläßlich eines Rituals, welches mit Loslassen zu tun hat bei abnehmendem Mond und bei Ebbe. Gehen Sie anschließend an den Strand oder vollziehen Sie Ihr Ritual gleich dort. Sie können unterschiedlich vorgehen:

- Kerben Sie die Symbole oder Buchstaben in die Muscheln und lassen Sie die Muscheln jeweils einzeln von einer Welle wegspülen. Sprechen Sie dabei jeweils einen Spruch.
- Legen Sie mit den Muscheln ein Muster auf den Strand. Wenn es um Liebesangelegenheiten geht, dann legen Sie die Muscheln in Herzform um sich herum aus. Rufen Sie dem Meer einen kraftvollen Zauberspruch zu und warten Sie, bis die Muscheln weggespült worden sind. Stellen Sie sich dabei vor, daß Ihre Schmerzen und Ihr Liebeskummer mit jeder weggespülten Muscheln kleiner werden.
- Füllen Sie eine Muschel mit Sand sprechen Sie dabei einen Spruch. Decken Sie die gefüllte Muschel mit einer anderen ab. Umwickelt Sie das Ganze wie ein Geschenk mit Seetang. Werfen Sie dieses Geschenk so weit es geht ins Meer und sprechen dabei erneut einen kraftvollen Spruch.
- Nehmen Sie ein Stück Treibholz und kerben Sie entsprechende Symbole hinein. Werfen Sie das so präparierte Holz weit ins Meer hinaus.
- Verwenden Sie ein Stück Fischernetz oder einen Strick und legen Sie Knoten hinein, während Sie einen Spruch aufsagen. Werfen Sie das Netz bzw. den Knotenstrick anschließend ins Wasser oder verbrennen Sie es am Strand.

Meeresalgenmagie

Meeresalgen eignen sich hervorragend für Magie. Vor allem die Sorten mit großen und breiten Blättern oder langen Stengeln. Lassen Sie die Blätter ausgebreitet in der Sonne trocknen und verarbeiten Sie sie danach in Amuletten, als Schreibpapier für Zaubersprüche, zu Asche ver-

brannt als magisches Pulver oder zerrieben als Bestandteil von Weihrauch. Frisch können Sie die Algen zu langen Seilen für Bindemagie flechten oder Körbchen daraus arbeiten.
Beachten Sie, daß Seetang oder Algen nicht überall einfach so gepflückt werden dürfen. Sammeln Sie lieber am Strand angespülten Tang auf. Mehr zu Meeresalgen finden Sie auf Seite 115.

Mondmagie

Mondmagie arbeitet mit den Mondphasen. Einige Hinweise finden Sie in diesem Buch auf S. 48. In *Das magische Buch vom Mond* habe ich ausführlich beschrieben, wie Mondmagie funktioniert.

Flaschenmagie

Flaschenmagie wird bei Liebeszaubern verwendet, und zwar sowohl um einen neuen Liebespartner zu finden, als auch vom bisherigen Abschied zu nehmen. Stecken Sie einen Zettel mit einer entsprechenden Beschwörung in eine Flasche. Schrauben Sie den Deckel zu und werfen Sie die Flasche weit hinaus ins Meer.

Musikmagie

Musikmagie eignet sich für alle möglichen Rituale. Mit einem Sistrum können Sie die Göttin anrufen. Weitere Musikinstrumente des Elements Wasser sind aus tönenden Metallen wie Zimbeln, Glocken, Gongs und Klangschalen. Letztere gehören auch zum Element Luft.

Die Elemente im Ritual

Beim Anrufen der Elemente sollten alle Elemente zugleich vergegenwärtigt werden. Es ist nicht üblich, nur ein Element anzurufen, also etwa nur Wasser oder nur Luft. Damit wäre die Harmonie gestört. Sehr wohl können Sie aber während oder nach der Anrufung der Wächter ein Thema besonders betonen, welches mit einem bestimmten Element zu tun hat. Ich habe unten einige Beispiele zur Anregung aufgeführt, in diesem Fall für alle vier Elemente. In paganistischen Kreisen ist es üblich, zuvor einen Bannkreis zum Schutz während des Rituals zu ziehen. *Alte Traditionen - Moderne Hexen* enthält ein ganzes Kapitel, das sich dem Ziehen des Kreises und den Vorbereitungen für ein Ritual widmet. In diesem Buch reicht es aus, darauf hinzuweisen, daß man ein Ritual mit der Anrufung der vier Wächter, Elemente und Windrichtungen beginnt.

Symbolische Anrufung

Diese Methode der Anrufung kann auch im Sitzen und in aller Stille geschehen. Das gilt auch für das Verabschieden.

Links: oben Erde, unten Feuer

Rechts: oben Luft, unten Wasser

Badeamulett für Gesundheit

Einige Blätter Nori (getrockneter Seetang) oder frischer Seetang – Schere

Füllen Sie die Badewanne mit warmem Wasser und Meersalz. Schneiden Sie aus dem Seetang einige Amulette in Form einer Muschel (Kraft und Gesundheit). Entzünden Sie einige Teelichter im Badezimmer. Setzen Sie sich nun in die Wanne. Bewegen Sie bei jedem der folgenden Sätze ein Amulett mit den Fingerspitzen durchs Wasser:

Amulett, schenk mir die Kraft des Seetangs,
mach mich so flink wie einen Seeotter,
Amulett, mach mich frisch und gesund
Und gib mir die Kraft von einem Seehund.

Sagen Sie diesen Spruch dreimal. Sie brauchen also zwölf Seetangamulette. Ruhen Sie sich anschließend noch ein wenig im Wasser aus und sinnieren Sie. Nachher werden Sie sich viel frischer fühlen. Vergessen Sie nicht, die Tangamulette aus dem Wasser zu fischen, bevor Sie es ablassen.

Chakraheilung

Im Schwimmbad, am Meer oder einfach in der Badewanne können Sie sich durch Konzentration auf die entsprechenden Farben auf die Funktion Ihrer Chakren fokussieren. Sprechen Sie laut oder in Gedanken die folgenden Sätze, während Sie sich jeweils auf die Farbe konzentrieren:

Rot ist feurig, Rot ist Kraft
Kein andrer hat über mich Macht.
Orange ist frei, orange ist reinlich
Und bedeutet Kreativität für mich.
Gelb ist hell, gelb ist frisch
Und schenkt Verbundenheit verschwenderisch.
Grün ist rein, ist neues Leben
Und läßt nach Wachstum mich streben.
Blau schwingt wie das Meer
Glück auf den Wellen, ich liebe das sehr.
Violett ist strahlend, violett ist Energie

Darin steckt die Kraft von purer Magie.
Silbern ist der Mond und silbern die Ruhe
Beruhigt die Gefühle und sorgt für Seelenruhe.

Teichmeditation

Stellen Sie sich vor, daß Sie an einem ruhigen Ort am Ufer eines Teichs sitzen. Im dem Wasser zu Ihren Füßen treiben wunderschöne rosa, weiße und gelbe Teichrosen. Es ist still, aber wenn Sie genau hinhören, hören Sie die Geräusche der Natur. Das Rauschen der Bäume, das Zirpen der Grillen, das Plantschen eines Froschs, der ins Wasser springt, das unaufhörliche Gesumme der Insekten. Ihre Aufmerksamkeit wird von einer zierlichen Libelle gefangen, die über das Wasser tanzt. Das Sonnenlicht schillert in prachtvollen Farben in ihren Flügeln.

Es ist herrlich warm und ein angenehmes Gefühl durchströmt Ihren Körper. Sie legen sich auf den Bauch und halten das Gesicht dicht übers Wasser. Sie können den Boden des Teich in der Tiefe nicht sehen, aber sie sehen das tummelnde Leben unter der Wasseroberfläche. Die Fische erscheinen Ihnen wie die Menschen. Einige schwimmen einträchtig nebeneinander her, andere schwimmen schnell weg, wenn es ihnen zu voll wird. Der eine schwimmt voller Mühe gegen den Strom, andere lassen sich einfach treiben. Sie strecken Ihre Hand aus und tauchen sie vorsichtig ins Wasser. Die Fische kommen heran geschwommen und scheinen Sie zu begrüßen. Ihre Hand bewegt sich langsam im Wasser und schiebt kleine Wellen vor sich her, die leise ans Ufer klatschen. Sie wünschen sich, selbst ein Fisch zu sein und in der Kühle des Wassers die Erfrischung zu finden, die Sie brauchen.

Stellen Sie sich vor, wie das wäre. Sie fühlen das kühle Wasser an sich vorbei gleiten und Sie fühlen sich leicht und glatt wie ein Fisch. Es macht Ihnen überhaupt keine Mühe zu schwimmen. Sie bewegen sich im Wasser, als seien Sie dafür gemacht. Der Teich, in dem Sie schwimmen, ist ziemlich groß und es scheint, als könnten Sie ohne Ende darin herum schwimmen. Kühl und frisch fühlt sich das Wasser an. Mit jeder Welle, die Sie durchschwimmen, verlieren sich Ihre Sorgen. Sie fühlen sich immer freier und leichter. Sie schweben und verlieren das Gefühl für Zeit und Raum.

Nach einer Weile kommen Sie wieder zu sich. Sie liegen noch immer am Ufer des Teichs und sehen das Spiegelbild Ihres Gesichts im Wasser. Sie fühlen sich völlig entspannt und voller Energie und können nun wieder kraftvoll in Ihr alltägliches Leben eintauchen.

Abschiedsritual für einen Geliebten

Abschied nehmen zu müssen von einer geliebten Person gehört zu den schwersten und kummervollsten Momenten im Leben. Schreiben Sie Ihren Kummer in einem Brief und bewahren Sie diesen für ein Ritual auf. Gehen Sie bei Vollmond an einen See, ans Meer, an eine Quelle oder einen Brunnen, jedenfalls an einen Ort, wo der Mond sich schön im Wasser spiegelt und wo Sie nicht gestört werden können. Entzünden Sie vier Kerzen, notfalls auch Windlichter, und stellen Sie diese jeweils in die vier Himmelsrichtungen. In eine mitgebrachte Schale legen Sie ein Stück Holzkohle und setzen Sie es in Brand. Wenn es schön durchgeglüht ist, streuen Sie etwas Weihrauch darauf. Öffnen Sie nun den Brief und lesen Sie ihn laut vor. Verbrennen Sie anschließend den Brief. Streuen Sie die Asche ins Wasser. Wenn Ihnen danach ist, bleiben Sie noch eine Weile und laden sich mit der Kraft des Vollmondes auf.

Liebesritual

Lange Streifen von angespültem Seetang – Muscheln – Holz

Lassen Sie den angespülten Seetang (vorzugsweise mit großen Blättern) trocknen. Verglühen Sie ein Stück Holz zu Holzkohle. Nehmen Sie den Tang und die Holzkohle mit an einen Strand und vollziehen Sie hier an einem stillen, ungestörten Ort Ihr Ritual, vorzugsweise bei Vollmond.
Zeichnen Sie mit einem Stock oder legen Sie mit Muscheln einen Kreis in den Sand und setzen Sie sich in dessen Mitte. Flechten Sie nun aus dem Seetang zwei Püppchen, auf die Sie all Ihre Liebe projizieren. Stellen Sie sich vor, die eine Puppe symbolisiere den Mann oder die Frau Ihres Lebens, die andere Puppe seien Sie selbst. Binden Sie jeder Puppe auf die Stelle des Herzens eine Muschel. Zeichnen Sie mit der Holzkohle passende Symbole auf die getrockneten Tangblätter und wickeln Sie die Puppen dahinein, so daß die Gesichter zueinander zeigen. Verknoten Sie das Päckchen ordentlich. Halten Sie es in das Vollmondlicht

und sprechen Sie Ihren Spruch. Küssen Sie das Päckchen und drücken Sie es mit geschlossenen Augen an Ihr Herz. Sprechen Sie nun erneut Ihren Spruch laut aus. Küssen Sie das Päckchen ein weiteres Mal. Gehen Sie nun ans Wasser. Sprechen Sie Ihren Spruch ein letztes Mal und übergeben Sie das Puppenpäckchen den Wellen. Schauen Sie dem davon treibenden Bündel nach, bis es aus Ihren Augen verschwindet. Die Liebe wird nun bald zu Ihnen kommen.

Handfasting

Es gibt drei Arten der Hochzeit unter Hexen:

- ein Jahr und einen Tag zusammen sein; eine Art Prüfperiode, um zu sehen, ob Sie sich nach dieser Zeit noch immer nett und begehrenswert finden.
- ein ganzes Leben zusammen verbringen, wenn Sie sich nach der Jahresfrist noch immer toll finden.
- in diesem Leben und für die Ewigkeit zusammen bleiben, wenn Sie einander unendlich lieben und sich nie wieder trennen wollen.

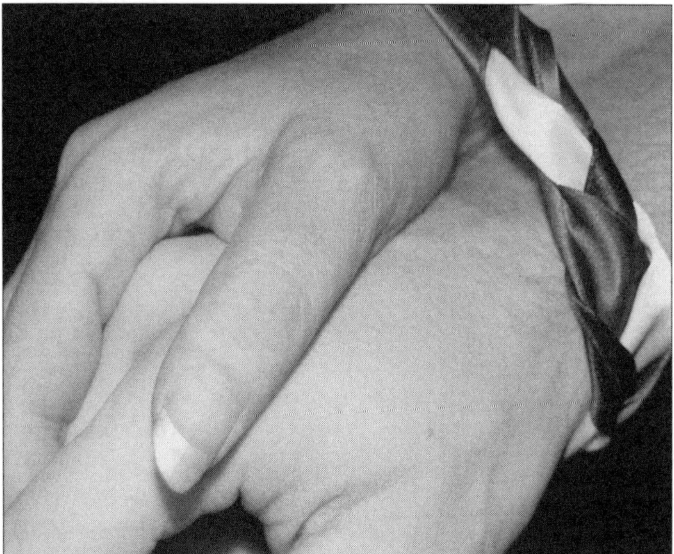

Ein Hexenhochzeitsritual (*handfasting*) wird von den sich Liebenden selbst in Zusammenarbeit mit dem Leiter oder der Leiterin der Zeremonie vollzogen. Das im Folgenden beschriebene Ritual könnte genauso stattfinden, soll aber nur als Modell dienen, die eigene Zeremonie zu gestalten. Sie brauchen auf jeden Fall dazu:
Einen spezielle Kelch, der ausschließlich für diese Zeremonie gedacht ist – ein rotes und ein weißes Band – einen Besen, den die Liebenden zusammen neu gebunden haben sollten – eine lange Kerze in einem Kandelaber – Blumen – Ringe – Champagner und Torte – ein Athame
Auf dem Altar werden die Blumen, die Kerze, die Torte und der Champagner, sowie der Kelch und der Athame bereit gestellt.

Vorbereitung

Der Raum wird mit dem neuen Besen gefegt. Zwei Gäste halten dann den Besen ganz flach über dem Boden. Das eintretende Brautpaar muß nun über den Besen springen und nach vorn zum Altar laufen, wo die Priesterin (oder der Priester) bereits warten. Die Gäste stellen sich nun in einem weiten Kreis um das Paar und die Priesterin auf.

Einleitung

Die Priesterin, die das Ritual leitet hält zunächst eine einleitende Ansprache über das Brautpaar. Sie wendet sich an die Braut und fragt: *(Name der Braut), bist du aus freiem Willen gekommen, um dich mit dem Mann neben dir in Liebe zu trauen?*
Die Braut: *Ja, das bin ich.*
Die Priesterin wendet sich an den Bräutigam und fragt: *(Name des Bräutigams), bist du aus freiem Willen gekommen, um dich mit der Frau neben dir zu trauen?*
Der Bräutigam: *Ja, das bin ich.*
Die Priesterin: *Gebt einander die Hand. Über euch seht ihr die Sterne, die Sonne und den Mond. Unter euch seht ihr die Steine und unsere Mutter, die Erde. Wie oben, so unten. Eure Liebe soll so strahlen wie die Sterne, so kraftvoll sein wie der Mond und so warm und feurig wie die Sonne. Eure Liebe soll so fest sein wie die Steine, so nährend, sorgend und schöpfend wie die Mutter Erde. Sorgt dafür, daß eure Hingabe euch nicht abhängig macht, sondern unabhängig. Seid nah beieinander, ein starkes Team, in dem jeder seine Eigenheit und seinen einzigartigen Charakter behalten*

darf. Habt Geduld miteinander, denn ihr werdet manchen Sturm durchleben müssen. Laßt euch davon nicht umwehen und haltet aneinander fest. Gebt euch gegenseitig Liebe, Wärme, Geborgenheit und Respekt so viel ihr nur könnt und erleichtert euch gegenseitig den gemeinsamen Lebensweg. Die Priesterin greift den Kandelaber und spricht:
Die Ehe verbindet zwei Menschen auf eine besondere Weise miteinander. In dieser Vereinigung werdet ihr viele Erfahrungen miteinander teilen. Ich lade euch ein, diese Kerze zu entzünden, als Symbol für Wärme, Glück, Liebe und Licht in eurer Beziehung.
Das Brautpaar zündet zusammen die Kerze an.

Austausch der Ringe

Die Braut übergibt ihren Blumenstrauß einem der Anwesenden. Der Zeremonienmeister kommt nach vorn und bringt die Ringe.
Die Priesterin ergreift das Wort: *Der Ring ist das Symbol für die Unendlichkeit, ebenso wie der Kreis, in dem wir alle stehen. Er hat keinen Anfang und kein Ende. Möge dieser Ring eure Einheit und euer Zusammenleben andeuten und eure Liebe füreinander möge sich in immer größeren Kreisen ausdehnen.*
Zum Bräutigam: *(Name des Bräutigams), nur du allein hast das Recht und die Fähigkeit, dich an diese Frau zu binden. Sprich laut, daß dies dein Wunsch ist und lege den Ring in ihre Hand.*
Der Bräutigam: *Das ist mein Wunsch.* Der Bräutigam legt den Ring in die Hand der Braut.
Zur Braut: *(Name der Braut), es ist dein Wunsch, dich an (Name des Bräutigams) zu binden. Darum darfst du den Ring jetzt an seinen Finger stecken.* Die Braut schiebt den Ring auf den Ringfinger des Bräutigams.
Zur Braut: *(Name der Braut), nur du allein hast das Recht und die Fähigkeit, dich an diesen Mann zu binden. Sprich laut, daß dies dein Wunsch ist und lege den Ring in seine Hand.*
Die Braut: *Das ist mein Wunsch.* Die Braut legt den Ring in die Hand des Bräutigams.
Zum Bräutigam: *(Name des Bräutigams), es ist dein Wunsch, dich an (Name der Braut) zu binden. Darum darfst du den Ring jetzt an ihren Finger stecken.* Der Bräutigam schiebt den Ring auf den Ringfinger der Braut.

Die Priesterin sagt vor: *Ich (Name des Bräutigams) nehme im Namen des Geistes des Gottes und der Göttin, die in jedem von uns anwesend ist, dich (Name der Braut) zu meiner auserwählten Ehefrau. Ich gelobe, dich zu lieben, so wie du bist, ganz und gar, in Krankheit und Tod, in Gesundheit und Glück, in guten wie in schlechten Zeiten, in diesem Leben und danach.* Der Bräutigam spricht die Worte nach.
Die Priesterin sagt vor: *Ich (Name der Braut) nehme im Namen des Geistes des Gottes und der Göttin, die in jedem von uns anwesend ist, dich (Name des Bräutigams) zu meinem auserwählten Ehemann. Ich gelobe, dich zu lieben, so wie du bist, ganz und gar, in Krankheit und Tod, in Gesundheit und Glück, in guten wie in schlechten Zeiten, in diesem Leben und danach.* Die Braut spricht die Worte nach.

Das Binden

Der Zeremonienmeister kommt wieder nach vorn und übergibt der Priesterin die Bänder. Diese sagt:
Dieses Liebesband bindet eure Hände zusammen und symbolisiert den unverbrüchlichen Bund, den ihr geschlossen habt. Dieses Liebesband versinnbildlicht Liebe, Zuneigung, Vertrauen, Glaube und Hoffnung in eurer Ehe und die Verantwortung, die ihr hiermit eingeht.
Die Priesterin legt die Bänder um die Handgelenke des Brautpaars, flicht sie ineinander und legt drei Knoten hinein. *Mögen die Kräfte des Geistes euch mit Verstand und Weisheit leiten. Mögen die Kräfte eures Willens euch verbinden. Mögen die Kräfte eurer Liebe euch sehr glücklich machen.*

Der Kuss

Der Zeremonienmeister übergibt nun den Kelch mit Champagner oder Wein. Auch den Gästen wird jeweils ein Glas gereicht.
Die Priesterin: *(Namen von Braut und Bräutigam), trinken zusammen von diesem magischen Trank, dem Symbol der Liebe, die durch eure Adern strömt.*

Braut und Bräutigam trinken jeweils einen Schluck und geben den Kelch an den Zeremonienmeister zurück. Die Priesterin übergibt den Athame an das Brautpaar und lädt sie mit einer Gebärde ein, die Hochzeitstorte anzuschneiden.

Die Priesterin: *(Namen von Braut und Bräutigam), eßt gemeinsam von der Nahrung unserer Mutter Erde, das Symbol für Fruchtbarkeit und dessen, was ihr zusammen in eurem Leben erreichen könnt.*
Braut und Bräutigam schneiden die Torte an und essen jeweils ein Stück.
Die Priesterin: *(Namen von Braut und Bräutigam), eure Liebe ist so stark wie die Knoten, die euch verbinden. Geht in Liebe und Freude als Partner durchs Leben und besiegelt eure Vereinigung mit einem Kuß.*
Nun küssen sich die Brautleute. Jeder der Gäste bekommt nun ein Stück Hochzeitstorte und hat Gelegenheit, dem Paar persönliche Worte mit auf den Weg zu geben oder ein symbolisches Geschenk zu überreichen.

Taufritual 'Sarah' bei Vollmond

Dieses liebevolle Ritual wurde für Sarah, der Tochter von Freunden von mir, vollzogen. Vier Personen symbolisieren die vier Windrichtungen: die Eltern und die Paten. Jede hat einen kleinen Gegenstand in der Hand, welcher das entsprechende Element darstellt. Als Symbol für das fünfte Element wurde ein Mondstein ausgewählt. Des weitere brauchen Sie noch einen Amulettbeutel.

Anrufung der Elemente

Die ganze Gruppe wendet sich während der Anrufung der jeweiligen Himmelsrichtung zu und führt die zugehörige Handlung aus (siehe Symbolische Anrufung, Seite 87).
Osten (Pate): *Kräfte der Luft, Lebensatem und Intellekt, bereichert dieses Ritual!*
Süden (Vater): *Kräfte des Feuers, Leidenschaft und Triebkraft, bereichert dieses Ritual!*
Westen (Mutter): *Kräfte des Wassers, Intuition und Gefühl, bereichert dieses Ritual!*
Norden (Patin): *Kräfte der Erde, Grundlage und Kern, bereichert dieses Ritual!*
Norden: *Wir sind hier, um (Name des Babys) dem Mond und den Elementen vorzustellen.*
Osten: *Auch wir sind hier, um (Name des Babys) als Hexe zu taufen.*
Süden: *Als Eltern wollen wir dir das Hexesein mitgeben.*

Westen: *Aber deinen weiteren Lebensweg dir selbst überlassen.*
Die Eltern des Kindes gehen nun in die Mitte des Kreises. Die anderen Anwesenden fassen einander bei den Händen. Die Eltern sprechen:
Siehe diesen Mond, (Name des Babys). Er soll dein roter Faden sein im Leben. Vom kleinen Mädchen bis zur alten Frau. Mond, betrachte unser Kind, begleite es auf seinem Lebensweg und gib ihm deine Kraft.
Die Mutter legt einen Mondstein in den Amulettbeutel.
Die Personen, die den Norden und den Osten darstellen, treten nun auch in die Mitte. Sie haben in diesem Ritual eine besondere Funktion, denn sie sind zugleich auch Pate und Patin. Pate, Patin und die Eltern nehmen jetzt ihre Positionen an den Himmelsrichtungen ein. Das Baby wird von Mutter oder Vater gehalten. Die anderen Anwesenden stehen im Kreis um die fünf herum.
Norden: *Liebe(r) (Name des Babys), als Patin will ich dir das Element Erde mitgeben, symbolisiert in dieser Form. Ich gelobe, dich durch dein Leben zu begleiten.* Die Patin legt ihren Gegenstand in den Amulettbeutel.
Osten: *Liebe(r) (Name des Babys), als Pate will ich dir das Element Luft mitgeben, symbolisiert in dieser Form. Ich gelobe, dich durch dein Leben zu begleiten.* Der Pate legt seinen Gegenstand in den Amulettbeutel.
Süden: *Liebe(r) (Name des Babys), als Vater will ich dir das Element Feuer mitgeben, symbolisiert in dieser Form. Ich gelobe, dich durch dein Leben zu begleiten.* Der Vater legt seinen Gegenstand in den Amulettbeutel.
Wasser: *Liebe(r) (Name des Babys), als Mutter will ich dir das Element Wasser mitgeben, symbolisiert in dieser Form. Ich gelobe, dich durch dein Leben zu begleiten.* Die Mutter legt ihren Gegenstand in den Amulettbeutel.
Gemeinsam: *Dies alles geben wir dir mit in Form diesen Amuletts.*
Der Amulettbeutel wird zugebunden und dem Baby gegeben. Dann geht jeder in den Kreis zurück. Die Eltern haben das Baby bei sich und verteilen Wein (Mutter) und Kuchen (Vater).

Zum Abschluß

Bei den abschließenden Hinwendungen zu den vier Himmelsrichtungen werden die zugehörigen Handlungen erneut ausgeführt (s.o.).
Norden: *Kräfte der Erde, das Ritual ist beendet, aber euer Bündnis mit (Name des Babys) nicht!*

Westen: *Kräfte des Wassers, das Ritual ist beendet, aber euer Bündnis mit (Name des Babys) nicht!*
Süden: *Kräfte des Feuers, das Ritual ist beendet, aber euer Bündnis mit (Name des Babys) nicht!*
Osten: *Kräfte der Luft, das Ritual ist beendet, aber euer Bündnis mit (Name des Babys) nicht!*

Verwahren Sie das Amulett nach dem Ritual immer in der Nähe des Babys auf, etwa in einer schönen Schachtel im Kinderzimmer.

Wassersprüche

Kurze Sprüche, die jeweils dreimal während der rituellen Tätigkeiten oder der Magie, die Sie anwenden, wiederholt werden, sind umso kraftvoller, wenn Sie sie selbst ausdenken.
Passen Sie den Spruch jeweils an das Thema an, welches mit Wasser zu tun hat. Im folgenden einige Beispiele zur Anregung:

Weg mit den Sorgen
Kräfte von Ebbe und Flut,
Gebt mir guten Mut.
Wascht meine Sorgen weg,
Damit vorbei ist mein Pech!

Weg mit überflüssigen Emotionen
Regen, Regen, sanft und rein,
Ich grüße die Kraft und Wärme dein.
Lehre mich meine Gefühle zu lenken.
Ich bitte dich, mir Gelassenheit zu schenken.

Reinigung Mutter Erde
Seen, Flüsse, Quellen und Meere
Helft mit Mutter Erde zu ehren.
Bringt zurück ihr Schönheit und Wahrheit,
Und schenkt ihr viel Kraft und Klarheit.

RITUELLE ARBEIT

Wasseraltar

Dekorieren Sie Ihren Wasseraltar mit meergrünen, puderweißen, hellgrauen und sandfarbigen Farben. Legen Sie Muscheln im Kreis um den Altar und stellen Sie an zwei gegenüberliegenden Seiten Sandkerzen (siehe unten) auf. Bemalen Sie einen gläsernen Pokal mit Fischen. Auf dem Altar dekorieren Sie Muscheln und glänzende Glassteinchen. Als Tischdecke können Sie z.B. ein altes Fischernetz verwenden, in das Sie Muscheln und Treibgut vom Strand einflechten. Sehr schön ist auch ein selbst gemachter steinerner Brunnen als Mittelpunkt. Füllen Sie ihn mit magischem Wasser (s. S. 132).

Steinbrunnen

Große und kleine Kieselsteine – eine kleine Teichpumpe – große, tiefe Wasserschale (z.B. eine Vogeltränke) – Wasser

Stapeln Sie die großen Kieselsteine aufeinander um die Pumpe herum in die Schale. Den Ausflußschlauch fixieren Sie in der gewünschten Höhe. Lassen Sie einige Spalten offen, damit das Wasser gut durchfließen kann. Dann schichten Sie die kleinen Kiesel so dazu, daß ein natürlich aussehender Hügel entsteht, aus dem oben das Wasser herausströmt. Ein sehr schöner Blickfang für Ihren Wasseraltar.

Kelch

Ein weites Stielglas (beispielsweise einen Eisbecher) – farbige Glassteine und/oder Edelsteine – Glaskleber – Relieffarbe – Glasfarbe – Pinsel

Bemalen Sie das Glas in der Farbe, die Sie schön finden. Glasfarbe und Relieffarbe finden Sie in unterschiedlichen Tönen in Bastelgeschäften. Relieffarbe ist eine dünne Paste in einer Tube, mit der Sie feine Linien und Dekorationen applizieren können. Glassteine in verschiedenen Größen und Formen bekommen Sie ebenfalls im Bastelgeschäft. Manchmal bekommen Sie sogar dickere Brocken von farbigem Bruchglas, das besonders schön schillert und glänzt wie Juwelen aus einer Schatzkiste. Kleben Sie die Steine in selbst ausgedachten Mustern auf den Kelch und verzieren Sie ihn mit Relieffarbe nach Ihren Vorstellungen. Achten Sie darauf, das alles gut trocknen kann. Ein solcher Kelch ist ein wunderbares Geschenk für eine geliebte Person.

Buch der Gezeiten

Nehmen Sie ein schönes, dickes Notizbuch. Den Umschlag verzieren Sie mit Muscheln, Perlen o.ä. Oder Sie applizieren eine Meerjungfrau aus Stoff darauf. Außen und Innen können Sie das Buch mit Aquarellmalereien dekorieren. Notieren Sie darin all Ihre Wassersprüche, Wasserrituale, Wissenswertes über die Naturwesen des Elements Wasser, eigene Erlebnisse mit, im oder unter Wasser usw., also alles, was mit Wasser zu tun hat.

Sand- und Muschelkerzen

Sand – Wasser – Kerzenreste – meergrüner Farbstoff – Muscheln – Docht

Modellieren Sie aus feuchtem Sand eine Form in einer tiefen Schüssel. Sie bestimmen selbst, wie groß oder lang die Kerze werden soll. Drücken Sie den Sand gut fest, damit die Form recht stabil ist. Hängen Sie den Docht hinein. Schmelzen Sie die Kerzenreste in einem alten Topf und rühren Sie den Farbstoff und kleine Muscheln hinein. Gießen Sie damit die Sandform aus. Abkühlen und hart werden lassen. Dann entfernen Sie den Sand und haben nun eine Kerze mit einer dünnen Sandschicht außen herum vor sich.

Meerhexen-Set: Kopfschmuck, Gürtel und Kollier

Verschiedene Muscheln – dünne Kordel – unterschiedliche Perlen – Nylonfaden – Nadel – sehr dünner Steinbohrer – ein Diadem ohne weitere Verzierung – Kleber – einen kleinen und eine größeren Verschluß

Kopfschmuck: Verzieren Sie das Diadem mit Muscheln und Perlen ganz nach Ihrem Geschmack. Kleben Sie in die Mitte eine große Muschel als Mittelpunkt und dekorieren Sie die kleineren Muscheln darum herum.

Gürtel: Die dünne Kordel ist für den Gürtel bestimmt. Nehmen Sie ein Stück, das die dreieinhalbfache Länge Ihres Hüftumfanges hat. Daraus winden Sie einen dreisträngigen Gürtel. Der dritte Strang sollte etwas weiter sein als die anderen beiden, damit er tiefer an der Hüfte herabhängt. Schmücken Sie nun den Gürtel mit Perlen, Muscheln usw., die Sie mit dem Nylonband daran befestigen.

Kollier: Fädeln Sie im Wechsel Perlen und Muscheln (mit dem Steinbohrer können Sie vorsichtig die dazu notwendigen Löcher hinein bohren) auf einen Nylonfaden. Besonders schön ist es, wenn Sie mehrere Perlenschnüren machen, die Sie miteinander verbinden. Befestigen Sie die Schließen an den Ketten.

Opferschale

Zeitungspapier und Toilettenpapier – Farbe – Tapetenkleister – Pinsel – Klarlack auf Wasserbasis – eine alte, weite, flache Schale als Form – Öl – Schmirgelpapier

Fetten Sie die Formschale außen mit Öl ein. Den Tapetenkleister rühren Sie nach Anleitung auf der Packung an. Das Zeitungspapier zerreißen Sie in Streifen und legen diese um die gefettete Form. Jede Lage wird mit Tapetenkleister eingestrichen. Wechseln Sie immer eine Lage Zeitungspapier mit einer Lage Toilettenpapier ab. Legen Sie so einige Lagen übereinander, bis die gewünschte Wandstärke erreicht ist. Lassen Sie das Ganze an einem warmen Ort gut trocknen und lösen Sie dann die neue Schale von der Form. Bemalen Sie sie nach Geschmack. Wenn die Bemalung getrocknet ist, streichen Sie als letzte Schicht Klarlack darüber. Die Schale können Sie dann mit Gegenständen aus dem Meer füllen und auf den Altar stellen oder als Opferschale verwenden.

Alternative: Sie können die Formschale auch innen belassen und die Schale zum Wahrsagen benutzen. Dazu füllen Sie sie mit Wasser. Achten Sie darauf, daß die Pappmachè-Ränder nicht naß werden.

Muschellämpchen

Zwei Jakobsmuschel (Fischmarkt) – Teelichter – Kleber

Kleben Sie die beiden Muschelhälften mit Kleber zusammen, so daß eine Hälfte liegt, die andere aufrecht steht. Stellen Sie das Teelicht in die untere Hälfte. Wenn Sie die Lampe an die Wand hängen möchten, müssen Sie an die aufrecht stehende Hälfte einen Aufhänger kleben. Ein hübsches Accessoire für das Badezimmer, um ein geheimnisvolle Atmosphäre zu zaubern.

NATURWESEN

Die Naturwesen des Elements Wasser sind die vielleicht bekanntesten. Vor allem über Meerjungfrauen gibt es zahllose Mythen. Um für eine wohlbehaltenen Heimkehr ihrer Männer zu bitten, brachten die Seefahrerfrauen früher den Meerjungfrauen, von denen sie immer ein Bildnis im Haus hatten, Opfergaben dar. Wasserwesen sprechen die Phantasie an. Es braucht nicht viel, um sie in den schillernden Wassern tanzen zu sehen, wenn man in der Sonne auf dem Strand liegt oder am Ufer eines still plätschernden Baches.

Die Wasser-Elementarwesen

Meerjungfrauen

Verführerische Wesen, die den Seeleuten den Kopf verdrehten. Klassisch ist das Bild der Meerjungfrau, die in der Sonne ausruht und sich selbst in einem Handspiegel betrachtet. Im Haar der Meerjungfrau verbirgt sich ihre große Macht, ungekämmt ist es nichts wert. Darum sind Meerjungfrauen häufig sich kämmend dargestellt. Ihre magischen Attribute sind ihr Haar, ein Kamm und ein Spiegel, aber auch eine Harfe oder ein silberner Gürtel gehören dazu. Die Meerjungfrau ist das Symbol für Verführung. Manchmal ist sie gefährlich verführerisch, manchmal aber auch eher hilfreich.

Meermänner (Tritonen)

Über Meermänner gibt es weniger Legenden als über Meerjungfrauen. Sie werden oftmals mit einem Dreizack dargestellt und sollen vom babylonischen Gott Oannes (s. S. 15) abstammen.
Meermänner werden mit Schwimmhäuten zwischen den Fingern und blaugrüner Hautfarbe abgebildet.

Sirenen

Sirenen waren nach der griechischen Mythologie gefährliche Wesen, die von Felsen herab den Seeleuten ihre unvergleichlich schönen Lieder sangen. Viele Seeleute wurden davon so abgelenkt, daß sie gegen die Felsen fuhren und versanken. Die Insel Anthemoussa, irgendwo zwischen Sizilien und dem italienischen Festland gelegen, war der Wohnort der Sirenen und soll übersät gewesen sein mit den sterblichen Überresten gestrandeter Seeleute. Ihre Gebeine wurde verwendet, um Musikinstrumente daraus zu machen. Sirenen werden vor allem als Wesen, halb Frau, halb Vogel, abgebildet. Später wurden sie aber mehr und mehr zu Meerjungfrauen mit sanfterem Charakter.

Nereiden

Die lieblichen Nereiden werden häufig nackt auf Delphinen, Fischen oder Seepferdchen reitend abgebildet. Seeleuten in Problemen halfen die Nereiden weiter. Sie sind Töchter des Zeus und leben im Ozean. Diese Salzwassernymphen tanzen vorzugsweise auf Mondstrahlen.

Najaden

Ätherische Wesen, Wassernymphen, die mit bloßem Augen kaum zu sehen sind, sich aber mit dem sechsten Sinn wahrnehmen lassen. Sie leben in Bächen, Quellen, Fontänen und Flüssen. Sie haben eine helle, frische Energie mit einem leichten Geist. Manchmal kann man sie auf einem Regenbogen oder auf einem Sonnenstrahl tanzen sehen.

Undinen

Ätherische, feingliedrige Wasserelfen. Sie wohnen in Quellen, Bächen und Flüssen, aber auch in Wassertropfen.

Oceaniden

Tiefseenymphen, ebenso wie die Nereiden Töchter des Zeus. Es gab dreitausend Oceaniden, zu denen auch Styx gehörte, der den gleichnamigen Flußübergang zur Unterwelt regierte. Sie lebten in den Ozeanen.

Nixen/Nixies

Prachtvolle, transparente Wesen mit grünen Haaren, die in englischen Flüssen leben. Sie können ihre Gestalt wechseln und sind Zwitterwesen.

Selkies

Wassergeister, die in den Gewässern Schottlands, der Normandie, Bretagne und der Orkney- sowie Shetlandinseln leben. Sie ähneln Seehunden, können aber auch menschliche Gestalt annehmen.

Übungen, um mit den Naturgeistern in Kontakt zu kommen

Kennenlernen: Gehen Sie mit einem Glöckchen bei Zunehmendem Mond oder bei Vollmond an einen ruhigen, abgelegenen Strand. Zeichnen Sie mit einem Stück Treibholz einen Kreis in den Sand und markieren Sie diesen mit Muscheln, Seetang oder anderen Gegenständen aus dem Meer. Stellen Sie sich nun mitten in den Kreis und läuten Sie dreimal mit der Glocke. Singen Sie dann den Meerjungfrauen ein selbst gedichtetes Lied zu. Rufen Sie sie an, zu erscheinen und setzen Sie sich dann in den Kreis. Konzentrieren Sie sich auf Ihren sechsten Sinn und genießen Sie den Wind, die Wolken, den Mond und die Wellen. Lauschen Sie darauf, was die Elemente Ihnen zu erzählen haben. Vielleicht sehen Sie die Meerjungfrauen nicht direkt mit Ihren Augen, aber Ihr sechster Sinn weiß, daß sie da sind. Nehmen Sie etwas zu essen und zu trinken mit und geben Sie einen Teil davon den Meerjungfrauen. Bedanken Sie sich für ihre Anwesenheit. Wenn der erste Kontakt einmal hergestellt ist, können Sie sie später in Ihren Ritualen immer wieder anrufen.

Eins werden mit dem Wasser: An der gleichen Stelle sollten Sie dann eine Meermeditation machen, vorzugsweise am späten Nachmittag oder am frühen Morgen. Setzen Sie sich gemütlich an den Wassersaum, so daß Ihre Füße von den Wellen umspült werden. Fühlen Sie das Wasser und lassen Sie es mit Ihren Zehen und Finger spielen. Lehnen Sie sich etwas zurück und stützen Sie sich dabei mit den Händen im Sand ab. Wenden Sie Ihr Gesicht zur Sonne. Schließen Sie die Augen und hören Sie auf die Geräusche des Meeres, des Windes und das Gekreische der Möwen. Gehen Sie ganz und gar in diesen Geräuschen auf und werden Sie mit Ihrer Umgebung eins. Stellen Sie sich vor, Sie laufen tief ins Wasser hinein, bis Sie ganz unter Wasser sind. Das Wasser schließt sich über Ihrem Scheitel, aber Sie haben kein Problem, zu atmen. Sie atmen einfach weiter. Das Wasser ist azurblau und um Sie herum schwimmen Fische. In der Ferne sehen Sie etwas in der Tiefe liegen und schwimmen darauf zu. Als Sie näher kommen, erkennen Sie eine Stadt mit weißen Kuppeln, goldenen Dächern und kristallenen Mauern. Neugierig schwimmen Sie weiter und erreichen das Stadttor. Die Tore öffnen sich und ein Meermann mit einem Dreizack winkt Sie herein. Sie folgen ihm durch eine pastellfarbene, schmale Gasse. Dort ist viel los. Prächtige Wesen, halb Fisch, halb Mensch, nehmen Sie freundlich auf. Sie lächeln ihnen zu.

Der Meermann führt Sie in einen runden Raum, wo auf einem bequemen Muschelthron eine wunderschöne Meerjungfrau sitzt und sich die

Haare kämmt. Sie ist mit Perlen und glitzernden Juwelen geschmückt, die aus Gold, Smaragden, Rubinen und Saphiren geschmiedet sind. Sie staunen sich die Augen aus dem Kopf und lassen die Farben tief Ihre Seele durchdringen. Die Meerjungfrau lächelt. Sie legt ihren Kamm beiseite und klopft mit der Hand auf das leere Kissen neben sich. Sie folgen der Einladung und schwimmen auf sie zu. Die Meerjungfrau ergreift Ihre Hand und Sie kommunizieren miteinander, ohne zu sprechen. Sie bittet Sie, an die Menschen zu denken, die Sie am meisten lieben. Dann gibt Sie Ihnen ein Geschenk für jeden dieser Menschen mit. Das Geschenk für sich selbst öffnen Sie gleich. Es enthält eine persönliche Botschaft. Die Meerjungfrau küßt Sie auf die Stirn und der Triton holt Sie wieder ab. Er begleitet Sie zum Stadttor und lädt Sie ein, wiederzukommen. Vor dem Tor wartet ein Delphin, um Sie schnell zurück zu bringen. Sie klettern auf seinen glatten Rücken und legen Ihre Wange an seine lächelnden Kopf. Sie halten sich ordentlich an seiner Rückenflosse fest und schon schießt er mit Ihnen durchs Wasser. Ab und zu springt er mit einem gewaltigen Satz aus dem Meer und taucht wieder ein. Seine Fröhlichkeit steckt Sie an. Noch nie haben Sie sich so gut gefühlt. Auch Sie beginnen zu lachen und fühlen die Freude Ihren ganzen Körper durchströmen. Einige Meter vor dem Strand stoppt der Delphin. Hier nehmen Sie Abschied. Er drückt seine Schnauze an Ihr Gesicht, als ob er Sie küssen wollte und schlägt noch kurz mit der Schwanzflosse aufs Wasser. Dann verschwindet er in den Wellen.
Sie schwimmen ans Ufer und lassen sich in den Sand fallen. Dann öffnen Sie Ihre Augen. Es scheint Ihnen, als sei die Welt völlig neu und alle unangenehmen Dinge seien weggespült.

Ein paar Tips

- Schwimmen Sie nackt in der freien Natur.
- Meditieren Sie unter einer Weide.
- Gehen Sie im Frühjahr oder Herbst an den Strand und verbringen Sie einen ganzen Tag dort. Flechten Sie aus Seetang ein Körbchen und legen Sie etwas Eßbares hinein. Übergeben Sie den gefüllten Korb dem Meer als Opfer und danken Sie für alles Gute, was das Wasser bringt.

- Füttern Sie Enten, Schwäne und andere Wasservögel.
- Flechten Sie einen Kranz aus Weidenzweigen. Stecken Sie Federn hinein und überlassen Sie den Kranz als Opfer der Strömung und versuchen Sie mit den Wassergeistern in Kontakt zu treten.

SCHÄTZE DES WASSERS

Muscheln, ein Stück Fischernetz, Treibholz oder ein getrockneter Seestern - Schätze des Elements Wasser. Doch auch bestimmte Bäume und Steine werden mit dem Element Wasser assoziiert, auch wenn das zunächst typische Begleiter des Elements Erde zu sein scheinen. Manche Bäume und Steine werden aber den Wasserzeichen im Tierkreis, also Fische, Krebs und Skorpion, zugeordnet.

Mit den Wasserzeichen korrespondierende Bäume

Wilder Apfel: Krebs / Skorpion – Fruchtbarkeit – Liebe – Verbundenheit – Überfluß

Die runde Form des Apfels verbindet ihn mit allen anderen runden Formen. Der Apfel ist ein Symbol für Fruchtbarkeit, Unsterblichkeit und Vollkommenheit. Der Apfelbaum gilt als Paradies- bzw. Lebensbaum. Früher glaubte man, der Verzehr von Äpfeln, besonders wilden oder gefundenen, sei gefährlich, da der Teufel darin hause. Wenn man einen Apfel erhitzte und dieser dann aufbrach, vermutete man dahinter den Teufel, der versuchte auszubrechen. Solche Äpfel wurden schnell vergraben. Brach der Apfel beim Backen aber nicht auf, dann konnte man ihn beruhigt essen.

Birke: Krebs – Aufgewecktheit – Energie – Reinigung – Weisheit

Birkenzweige eignen sich sehr für Fruchtbarkeits- und Gesundheitsmagie. Unsere Ahnen verwendeten Birkenzweige bei Hochzeitszeremonien und zur Segnung des Vieh, damit es viel Nachwuchs bekam. Fast jeder Teil der Birke ist eßbar, und der Saft des Baumes kann als Zuckerersatz dienen. Die Rinde hilft bei Arthritis.

Ulme: Skorpion – Widerstand – Tod – Schutz – Besinnung
Das Blatt der Ulme ist fein zerrieben und mit Essig vermischt ein sehr gutes Heilmittel bei äußerlichen Entzündungen und Wunden. Die Ulme wird auch mit dem Tod und mit Träumen verbunden und ist ein Symbol für Reue und Kummer. Möglicherweise machten die vielen Tränen, welche die Ulme hervorruft, zum Wasserbaum.

Wilde Birne: Skorpion – Lust – Liebe – Fruchtbarkeit
Die Früchte des wilden Birnbaums wurden von den Griechen achras genannt und gegessen. Die Birne war den Göttinnen Hera und Aphrodite geweiht und ein Symbol für Fruchtbarkeit und Erotik. Damals feierte man das Birnenfest, welches sich ganz und gar um die wilde Birne drehte. Auch in der Heilkunde hatte die Birne ihren Platz. Später wurde der Baum zum Hexenbaum. Anfängerhexen lernten Birnen in Mäuse zu verwandeln, denn die Früchte hatten magische Kräfte, so glaubte man.

Judasbaum: Fische / Krebs – Emotionen – Vergnügen – Ruhe – Harmonie
Ein Baum, dessen Rinde sich sehr als Bestandteil eines Weihrauchs bei Visualisierungen und Magie eignet. In die Schoten lassen sich Symbole einritzen. Ein wunderbarer Baum, dessen rosa Blüten eine wahre Freude sind.

Linde : Fische – Schutz – Glück – Unsterblichkeit – Liebe
Tee aus Lindenblüten hilft gegen Erkältung und ist ein probates Mittel gegen Fieber. Den Germanen war die Linde heilig. Frau Holle, die Göttin des häuslichen Glücks, war die Beschützerin dieses Baums, weshalb Ehen gerne unter einer Linde geschlossen wurden. War die Zeremonie vorbei, mußten Braut und Bräutigam ihre Daumen in die Rinde drücken, womit die Hochzeit als besiegelt galt.

Steine aufladen
Sie können Steine im Licht des Mondes aufladen. Legen Sie den Stein in eine Schüssel mit Wasser und stellen Sie diese in das Licht des Vollmonds. Nach vierundzwanzig Stunden nehmen Sie den Stein heraus

und wickeln ihn in ein weiches, dunkles Tuch. Bewahren Sie ihn darin auf, bis Sie ihn brauchen. Das Wasser gießen Sie im Garten aus. Manche Steinsorten legen Sie besser nicht ins Wasser, da sie davon ausbleichen oder porös werden. Kristalle zerbröckeln beispielsweise im Wasser.

Steine und Astrologie

Krebs

Grüner Jaspis

Magische Nutzung: Hilft gegen Angst, Erdstrahlen und negative Strahlen. Gilt auch als Stein der Wiedergeburt.
Heilanwendungen: Hilft bei Magenschmerzen, Darmkrämpfen, Blasenentzündungen, Epilepsie, Gallen- und Leberleiden, Nierenkrankheiten; stärkt den Geruchssinn. Schützt gegen Fehlgeburt. Regt den Verlauf der Niederkunft an. Schützt gegen Epilepsie.

Smaragd

Magische Nutzung: Liebe und Glück.
Heilanwendungen: Bei Schlaflosigkeit und schlechten Träume, Schwäche, Blutfluß, Malaria, Kopfschmerzen, Herzrasen, Erbrechen, bei krampfartigem Husten und Überempfindlichkeit der Atemwege, Asthma und tränende Augen. Erleichtert die Niederkunft.

Mondstein

Magische Nutzung: Heiliger Stein, der die menschlichen Gefühle läutert. Liebe und Treue. Wahrsagen.
Heilanwendungen: Bei Hysterie, (männlicher) Unfruchtbarkeit, Reisekrankheit, Wassersucht, Warzen, Magenbeschwerden, Antriebslosigkeit, Verstopfung, Menstruationsstörungen und Unfruchtbarkeit, Bauchspeicheldrüsen- und Darmbeschwerden, Verdauung.

Skorpion

Malachit

Magische Nutzung: Gibt Trost und Hoffnung bei einer unglücklichen Liebe.
Heilanwendungen: Bei Rheuma, Asthma, Cholera, Wunden, Zahnschmerzen, Vergiftung, Menstruationsstörungen, Jähzorn, Darm-

störungen, Grippe, Ohrenentzündung, Fieber. Stärkt Herz, Augen und Nerven. Gibt innere Ruhe und Vitalität.

Amethyst

Magische Nutzung: Kummer, Meditation, Lampenfieber, Gleichgewicht, erhöht Intuition und Hellsichtigkeit.
Heilanwendungen: Bei Kopfschmerzen, Wassersucht, Prüfungsangst, Nervosität, Brandwunden, Zerstreutheit, Farbenblindheit, Krampfadern, Infektionen, Magen- und Leberproblemen, Hysterie, Nervenkrankheiten, Trunksucht, Halsentzündungen, Halluzinationen, Schilddrüsenerkrankungen, Diabetes. Tragen Sie einen Amethyst mit sich, wenn Sie dabei sind, mit dem Rauchen aufzuhören!

Hämatit

Magische Nutzung: Gesundheit.
Heilanwendungen: Bei Niedrigem Blutdruck, Magenbluten, Hämorrhoiden, Hellsichtigkeit, Nieren- und Blasensteinen, Entzündungen, Verbrennungen, Kopfschmerzen und Migräne, Geschwüren, Hysterie, Wadenkrämpfen, Gefäßerkrankungen. Regt die Bildung roter Blutkörperchen an.

Fische

Braunrote Koralle

Magische Nutzung: Gegen Dämonen, schwarze Magie und den bösen Blick. Für Meditation und Visualisierung.
Heilanwendungen: Bei Keuchhusten, Depression, Darmstörungen, Schilddrüsenerkrankungen, Blasenentzündung, Bluthochdruck, Bauchspeicheldrüsenbeschwerden, Milz, Magenbeschwerden, Blutungen.
Gut gegen Blutarmut, stärkt die Blase.

Olivin

Magische Nutzung: Inspiration, Beredsamkeit, gegen Eifersucht und Egoismus.
Heilanwendungen: Bei Menstruationsstörungen, Augenproblemen, Herzbeschwerden, Knochenentkalkung, Wetterfühligkeit, Blutarmut, Herzrhythmusstörungen, Melancholie.
Besonderheit: Erhöht die Hellsichtigkeit.

Aquamarin

Magische Nutzung: Reisen, besonders Reisen über das Meer, Depressionen.

Heilanwendungen: Bei Nervenkrankheiten und -schmerzen, Husten, Atemwegserkrankungen, Schleimfluß, Verdauungsbeschwerden, Kiefer- und Zahnschmerzen, geschwollenen Drüsen, Allergien, Magenbeschwerden, Ohrenentzündung, Seekrankheit, tränenden Augen, Heuschnupfen, Bronchitis, Schilddrüsenproblemen, Erkältung und Juckreiz.

Muscheln und Schnecken

Diese Wunder der Meere erstaunen uns immer wieder durch ihre Schönheit. Ob sie nun ganz klein und zart sind, oder ganz groß und wuchtig, es gibt endlos viele Variationen. Die Muscheln und Schnecken, die man bei uns an der Küste findet, sind meist schon tot, man findet nur ihr Schalen.

Exotische Muscheln stehen vielfach unter Schutz. Man sollte bzw. darf sie auf Urlaubsreisen nicht einfach kaufen und bei manchen droht sogar eine Strafe, wenn man sie zu importieren versucht. Informieren Sie sich also genau, bevor Sie ein exotisches Muschelsouvenir mitbringen. Viele Muscheln bzw. deren Schalen sind aber ganz problemlos zu bekommen und verdienen einen schönen Platz auf Ihrem Altar.

Muschelgeld

In Britisch Papua Neuguinea gab es im Jahr 2000 ein Problem. Infolge der Abwertung des dortigen Geldes, des Kina, kam kein Geld mehr ins Land. Da kam die Regierung auf eine kreative Idee: Muschelgeld, welches als offizielles Zahlungsmittel eingeführt wurde. Selbst bei Banken konnte man mit Tabu bezahlen. Muschelgeld hat in Papua Neuguinea durchaus schon eine lange Tradition. Es war üblich Hochzeiten, Geburten und Begräbnisse damit zu bezahlen. Das Muschelgeld besteht aus flachen runden Scheiben, die an einer langen Kordel aufgereiht transportiert werden. Eine Kette ist ungefähr 75 cm lang und drei Kina wert, was etwas mehr als einem US-Dollar entspricht.

Europäische Arten

Bunte Kammuschel (Chlamys varia) – In der Bindemagie oder als Ersatz für jede andere Muschelart.

Eßbare Herzmuschel (Cerastoderma edule) – Liebe, Freundschaft, Familie, Emotionen und Beziehungen.

Eßbare Miesmuschel (Mytilus edulus) – Liebe, Sex, Fruchtbarkcit.

Europäische Auster (Ostrea edulis) – Liebe, Sex, Fruchtbarkeit, Ernährung.

Gebänderte Dreiecksmuschel (Donax vittatus) – Abwehr, Schutz, Rechtsangelegenheiten, Ausgeglichenheit.

Gedrungene Trogmuschel (Spisula subtruncata) – Geld, Arbeit, Geschäftskontakte, Überfluß.

Gemeine Uferschnecke (Littorina littorea) – Hoffnung, Fruchtbarkeit, Liebe, Nahrung, Schutz.

Gemeine Wendeltreppe (Epitonium clathrus) – Glück, Kraft, Überfluß, Geld, Erfolg.

Große Kammuschel / Jakobsmuschel (Pecten maximus / Pecten jacobaeus) – Fruchtbarkeit, Schönheit, Schutz, Frauenmagie.

Halsbandnabelschnecke (Euspira catena) – Schutz, Unsichtbarkeit, Ruhe.

Islandmuschel (Arctica islandica) – Durchsetzungsvermögen, Beharrlichkeit.

Neptunea (Neptunea antiqua) – Schutz, Rechtsangelegenheiten, Geld und Abwehrzauber.

Nordische Herzmuschel (Laevicardium crassum) – Liebe, Freundschaft.

Pelikanfuß (Aporrhais pespelecani) – Verbindung, Schutz.

Plattmuschel (Tellina [Angulus] tenuis) – Zärtlichkeit, Liebe, Schönheit, Jugend.

Reisemantel (Aequipecten opercularis) – Frauenmagie, Liebeszauber, Glück, Gesundheit.

Sandmuschel (Mya arenaria) – Reinigung, Durchsetzungsvermögen, Geld, Überfluß.

Stachelige Herzmuschel (Acanthocardia echinata) – Liebe, Freundschaft, Frauenmagie.

Taschenmessermuschel (Pharus legumen) – Geld, Schutz, Geschäftskontakte.

Tellmuschel (Macoma balthica) – Liebe, Geburt, Tiere, Kinder, Pflege, Vergangenheit.
Teppichmuschel (Tapes decussatus) – Verbindung, Struktur, Standvestigkeit, Überfluß.
Venusmuschel (Chamelea gallina oder Venus nux) – Frauenmagie, Schönheit, Harmonie.
Weiße Trogmuschel (Mactra stultorum var. corallina) – Überfluß, Überschwenglichkeit.
Wellhornschnecke (Buccinum undatum) – Schutz, Abwehr.

Exotische Arten
Abalone / Meerohr (versch. Haliotis-Arten) – Kraft, Veränderung, Erfolg, Wohlstand.
Nordische Purpurschnecke / Steinchenschnecke (Nucella lapillus) – Wärme, Bestimmung, Veränderung, Kraft.
Perlboot (Nautilidae) – Ausgeglichenheit, Harmonie, Intelligenz, Weisheit.
Porzellanschnecke / Kauri (Cypraediae) – Überfluß, Geld, Erfolg, Geburt, Fruchtbarkeit, Sexualität.
Purpurschnecke / Stachelschnecke (Muricidae) – Abwehr, Schutz.
Riesenflügelschnecke (Strombus gigas) – Musik, Gesundheit, Liebe, Anrufung der Geister, Kommunikation.

Sonstige Schätze des Meeres
Fischernetz – Binden, Abwehr, Schutz, Überfluß, Erfolg.
Perle – Schönheit, Kummer.
Sand – Schutz, Aufbau, Abbrechen.
Seepferdchen – Geburt, Fruchtbarkeit, Schönheit.
Seestern (Asterias rubens) – Verbindung. Alle Elemente, kann überall verwendet werden.
Seetang – Gesundheit, Kraft.
Sepia (Sepia officinalis) – Kommunikation, Geld, Überfluß, Erfolg.
Treibholz – Kommunikation, Verbindung, Durchsetzungsvermögen, Wärme, Freiheit.

WASSERSYMBOLE

Verwenden Sie diese Symbole für die Anfertigung von Amuletten und Talismanen oder bei Ihren Aufzeichnungen im magischen Tagebuch (Buch der Schatten).

Alchemistisches Symbol – Element Wasser.

Auster mit Perle – Verborgener Schatz.

Boot – Die Babylonier nannten den Mond auch ‚das Boot des Lichts‘. Viele Mondgötter und -göttinnen werden mit einem Boot dargestellt.

Brunnen – Verborgene Tiefe, Wahrsagen.

Delphin – Spiritualität und Kommunikation.

Ente – Unschuld, Ruhe.

Fisch – Wasser, Fruchtbarkeit, Reichtum.

Frosch – Seit jeher ein Hexen- und Fruchtbarkeitssymbol.

Kaninchen – Fruchtbarkeit, Sexualität und Überfluß.

Kelch – Weibliches Element, zugleich Symbol für das Element Wasser.

Kessel – Der Kessel der keltischen Göttin Cerridwen symbolisiert das Wasser und ist dem Mond eng verwandt.

Krabbe – Gefühle, Unterstützung, das Heim.

Krake – Tief verborgene Kräfte.

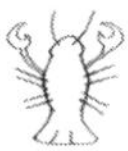

Krebs – Verletzlichkeit, Rückzug in sein Schneckenhaus.

Leuchtturm – Lichtzeichen.

Möwe – Erde, Wind und Wasser.

Mond – Emotionen, die Mutter, der Zyklus der Frau.

Muschel – Das Wasserelement: Liebe, Fruchtbarkeit und Sexualität. Wachstum und Strom der vitalen Energie, Gesundheit und Perfektion. Mondgezeiten und Mondphasen.

Otter – Eifer und Durchsetzungsvermögen.

Regen – Reinigung.

Reiher – Grazie, Schönheit.

Schnecke – Ruhe.

Schnee – Reinheit.

Schwan – Inspiration.

Seehund – Verletzlichkeit, Sanftheit, Unschuld.

Seelöwe – Beweglichkeit, Verspieltheit.

Seepferdchen – Ätherische Schönheit, Verletzlichkeit.

Skorpion – Geheimnis.

Wal – Stärke, freundliche Kraft.

Wellen – Große Gefühle.

NAHRUNG AUS DEM WASSER

In der makrobiotischen und in der japanischen Küche wird gerne Seetang bzw. Algen verarbeitet. Dieses sehr gesunde Meeresgemüse enthält wesentlich mehr Mineralien als gewöhnliches Gemüse und Spurenelemente, die in anderen Nahrungsmitteln kaum mehr enthalten sind, da die Böden durch Überkultivierung und Pestizide nahezu ausgelaugt und verseucht sind. Da sich der Ackerboden dergestalt verschlechtert hat, enthalten natürlich auch die darauf erzeugten Lebensmittel nicht mehr all die Stoffe, die wir benötigen. Seetang hat das sehr wohl, ein Grund mehr, dieses Wunder genauer unter die Lupe zu nehmen. Er enthält Spurenelemente wie Kobalt, Kupfer, Selen und Zink, die wir für einen optimalen Stoffwechsel brauchen. Seetang hat einen direkten Einfluß auf unser Blut, da seine Inhaltsstoffe nahezu unmittelbar aufgenommen werden und überzähliges Fett und Schleim reduzieren. Seetang hat auch heilende Qualitäten und enthält reichlich Vitamin B12, Kalzium, Jod, Eisen und Magnesium. In Seetang ist hundertfünfzigmal soviel Jod enthalten und achtmal soviel Magnesium wie in unserem normalen Gemüse. Beides stärkt das Lymphsystem, schwemmt Abfallstoffe aus und soll auch gegen Fischvergiftungen helfen.
Vor allem der dunkle Seetang, wie Kombu und Wakame, sind in der Lage, giftige Metalle während der Verdauung in ungiftige Salze umzuwandeln, die dann gefahrlos ausgeschieden werden können. Forschungen haben ergeben, daß sogar radioaktive Stoffe so aus dem Körper ausgeschieden werden können. In Japan sind bis heute acht weitere Algenarten intensiver bezüglich ihrer medizinischen Verwendung untersucht worden. Aktuell erforscht man den Einfluß von Seetang auf den Verlauf von Krebserkrankungen. Insbesondere das darin enthaltene Natriumalginat soll sich positiv auswirken. Bei der Sorten Nori (oder Laver) ist bereits seine Wirkung gegen Tumore nachgewiesen.

Seetang von innen...
Seetang wird am besten verdaut, wenn man viel dazu trinkt. Damit ist der Verzehr ein sehr gutes Mittel zum Ausschwemmen, wenn der Körper Feuchte festhält.

Frische Algen am Strand selbst zu suchen, ist nicht empfehlenswert und die ‚wilde' Ernte ist häufig auch verboten. Besorgen Sie sich Ihre Algen am besten im Naturkosthandel. Manche Arten sind roh eßbar, andere müssen erst gekocht werden. Wenn Sie nicht ganz genau wissen, welche Sorte Sie vor sich haben, sollten Sie keine Algen direkt aus dem Meer aufsammeln. Einige Arten verursachen einen heftigen Durchfall, experimentieren Sie also lieber nicht damit. Alle im folgenden genannten Arten sind eßbar.
Wenngleich es über 32.000 Algenarten gibt, von denen ein Teil sogar in tropischen Regenwäldern gedeiht, ist nur der kleinste Teil davon für den menschlichen Verzehr geeignet.
Vor allem in den ostasiatischen Ländern ist Seetang sehr populär. Sowohl in Europa, als natürlich in Japan und Korea wird Seetang inzwischen kultiviert und fernab von verunreinigten Meeresgebieten gezüchtet. Zuweilen wird auch Seetangimitat angeboten, der aussieht wie frischer Seetang, aber aus hauchdünn geschnittenem und frittierten Paksoi- oder Grünkohl besteht.
Echter Seetang ist für uns Europäer gewöhnungsbedürftig. Viele Menschen finden den Geschmack rundweg ekelig. Da hilft vielleicht das Wissen um die Gesundheit dieses Gemüses. Allerdings ist Seetang bzw. Algen nicht für jeden gut und man sollte auch nicht zuviel davon essen. Wer regelmäßig größere Mengen davon verspeist, kann eine Störung der Schilddrüsenfunktion damit hervorrufen. Auch der hohe Salzgehalt ist nicht für jeden, insbesondere für Menschen mit Bluthochdruck, geeignet. Das Auswaschen des Salzes ist keine gute Lösung, da damit auch die anderen Mineralien ausgespült werden.

...und von außen

Algen sind sehr gut für Haut und Haar. Die Kosmetikindustrie verarbeitet diese Produkte aus dem Meer als Zutaten zu sündhaft teuren Cremes und anderen exklusiven Sälbchen. Hersteller von Nahrungsergänzungsmitteln fügen Algen ihren Pillen und Pudern zu. Algen und Seetang werden in der Schönheitspflege unter anderem bei Abmagerungskuren verwendet. Sie schwemmen Abfallstoffe aus und führen der Haut Jod zu. Diese wird dadurch straffer. In der Kosmetikindustrie verwendet man überwiegend gefriergetrocknete Algen. Für eine Packung nutzt man viele unterschiedliche Sorten, die eine teurer als die andere. Das Gefriertrocknen ist ein kostenintensives Prozedere, dennoch immer noch die optimale Methode, die höchstmögliche Wirkung zu erhalten. Nur frisch aus dem Meer ist besser.

Die unterschiedlichen Seegemüsearten

Meeresalgen, auch Seegemüse genannt, werden in grüne, rote, blaue und braune Arten unterteilt. Blaualgen sind nicht genießbar, sie sind sogar giftig. Es scheint fast so, daß die leckersten Algenarten einfach so aus dem Meer gefischt werden und direkt verzehrt werden können. Wenn es Sie also einmal als Schiffbrüchigen auf eine einsame Insel verschlägt, dann brauchen Sie nur nach Meeresalgen zu suchen und schon ist Ihre Ernährung gesichert. Tatsächlich ist der Verzehr von Meeresalgen ausgesprochen gesundheitsförderlich.
Dann mal los zum nächsten japanischen Restaurant und Algen probiert! Sie müssen sich nur noch an den Geschmack gewöhnen...

Arame (Eisenia bicyclis)
Art: Braunalge / Seetang.
Geschmack: Süß und mild.
Im Handel: Lange, schwarze Streifen, getrocknet.
Zubereitung: 5 Minuten in kaltem Wasser einweichen, dann zwanzig Minuten kochen.
In Gerichten: Lecker in Salaten, Reisgerichten und Suppen. Als Beilage mit Sojasauce auch sehr empfehlenswert.
Sonstiges: Gut bei Problemen mit der Schilddrüse und dem Gebiß. Regt den Haarwuchs an. Wird häufig in Anti-Falten-Cremes verwendet.
Besonderheiten: Ein gute Meeresalgensorte für Anfänger.
Wird früh im Jahr im japanischen Meer geerntet und per Hand sortiert. Dann wird er ca. sieben Stunden gekocht, um eine zartere Struktur zu erzielen. Anschließend wird er in feine Streifen geschnitten und an der Sonne getrocknet.
Magische Nutzung: Sexualmagie (in einem Trunk), in magischem Puder oder in der Schönheitsmagie.

Dulse (Palmaria palmata)
Art: Rotalge.
Geschmack: Mild, salzig und würzig, kann zäh sein, hat manchmal auch einen nussigen Geschmack.
Im Handel: Frisch in einem Töpfchen mit grobem Meersalz oder als getrocknete Schnipsel.
Zubereitung: Gut abspülen und fein hacken. Möglicherweise ist der Geschmack etwas fade.
In Gerichten: Trocken über Fisch oder Salat streuen. 10 Minuten gekocht oder kurz in Sesamöl angebraten als Zutat zu einem Salat. Sehr lecker zu Kartoffel- und Maisgerichten, roh in Salaten und frittiert als Snack.
Sonstiges: Enthält dreißigmal soviel Kalium als Bananen und zweihundertmal soviel Eisen als Rote Beete. Gut gegen Fieber und Seekrankheit.
Bekanntes Gericht: Irische Dulsesuppe oder roh als Kaugummi.
Magische Nutzung: Schnitzel in Weihrauch; frisch oder luftgetrocknet, um etwa darin einzuwickeln; als Amulett oder um einen Spruch darauf zu schreiben.

Hiziki (Hizikia fusiformis)
Art: Braunalge / Seetang.
Geschmack: Salzig und stark fischig.
Im Handel: Sonnengetrocknet in Streifen geschnitten, blauschwarz und gewunden. Sieht wie Spaghetti aus.
Zubereitung: Gut abspülen, 5 Minuten in kaltem Wasser einweichen. Kann getocknet auch über einer Flamme verglüht werden, die Asche wird dann als Geschmacksverstärker über Fisch oder Salate gestreut.
In Gerichten: Gekocht, ca. 30 Minuten, und mit Sojasauce abgeschmeckt ist Hiziki eine wunderbare Beilage. Genießen Sie diese Meeresalge zusammen mit Möhren, Zwiebeln und Nudeln in einem Wokgericht.
Sonstiges: Hilft bei Schilddrüsenbeschwerden, Hypoglykämie, Hormonproblemen und unterstützt die Gewichtsreduktion. Auch Zähne und Haare profitieren davon.
Besonderheiten: Enthält vierzehnmal soviel Kalzium wie Vollmilch. Hat den höchsten Kalzium-Gehalt aller Seegemüse. Durch das Kochen verfünffacht sich das Volumen der Alge.

Magische Nutzung: Verbrennen oder in Weihrauch. Göttinnenmagie und Sexualmagie. Im Scherz wird Hiziki auch ‚Aphrodites Schamhaar' genannt.

Kombu (Laminaria japonica)
Art: Braunalge / Seetang.
Geschmack: Streng.
Im Handel: Getrocknet in kräftigen Stangen.
Zubereitung: Abbürsten und pochieren. Zuvor einweichen lassen, es sei denn, er wird in Suppen oder Eintöpfen verwendet.
In Gerichten: In Suppen und kleinen Häppchen. Unverzichtbar in Dashi, einer japanischen Bouillon. Geräucherte Kombustreifen sind ein herrlicher Snack.
Sonstiges: Bei Blutarmut, Candida, Asthma, Diabetes, Osteroporose, Arthritis, Bluthochdruck, Schilddrüsen- und Hormonproblemen und zur Stärkung des Immunsystems. Unterstützend bei Gewichtsreduktion. Enthält Alginsäure, welche die Eigenschaft hat, Schwermetalle zu binden. Diese werden dadurch nicht vom Körper aufgenommen sondern direkt ausgeschieden.
Besonderheiten: Diese Alge wächst in reinem, kalten Wasser und kann gut und gerne zehn Meter lang werden. Durch das Kochen dehnt sich Kombu stark und sieht dann aus wie Waschleder. Enthält viermal soviel Eisen wie Fleisch und hundert- bis fünfhundertmal soviel Jod wie Krustentiere. Magische Nutzung: In Weihrauch oder zum Verstreuen der Asche über dem Meer.

Nori (Porphyra tenera)
Art: Rotalge.
Geschmack: süßlich und knackig.
Im Handel: Dunkelviolette oder schwarze, papierdünne Blätter getrockneten Seetangs; auch in Streifen erhältlich und dann auf andere Weise zu verarbeiten.
Zubereitung: Über einer Flamme rösten. Gerebbelt in Suppen, Salaten oder Reisgerichten. Als dünne Lage in einer Sushirolle. Zuvor einweichen.

In Gerichten: Als Garnierung herzhafter Gerichte (Sushi) oder zu gekochtem Gemüse. Die getrockneten Streifen ißt man in Wales traditionell zum Frühstück. Sie werden im Hafermehl gewälzt, gebacken und mit Eiern und Speck serviert.
Sonstiges: Gut zur Senkung des Cholesterinspiegels, zur Behandlung und Prävention von Osteoporose. Hilft bei Blutarmut und stärkt die Abwehrkräfte. Reinigt das Blut und unterstützt die Gewichtsreduktion.
Besonderheiten: Enthält zweimal soviel Eiweiß wie die meisten Fleischsorten. Hat den höchsten Eisengehalt aller Meeresalgen. Gut in Kombination mit fetten Nahrungsmitteln. Wächst längs den Küsten von Süd-Wales und Irland.
Magische Nutzung: In Weihrauch bei Meermagie oder als Amulett.

Zuckeralge (Laminaria saccharina)
Art: Braunalge / Seetang.
Geschmack: Süß. Ist frisch eßbar, vor allem die jungen Pflanzenteil.
Im Handel: Frisch aus dem Meer oder getrocknet.
Zubereitung: Gut waschen. Frisch oder gekocht essen.
In Gerichten: In kleine Würfel geschnitten in Suppen. Auch lecker, um Fisch darin einzuwickeln und zu dünsten.
Sonstiges: Wächst entlang der Atlantikküsten, in der Oosterschelde und im Wattenmeer. Hilft bei Verdauungsproblemen.
Besonderheiten: Im 19. Jahrhundert verkaufte man Zuckeralgen als Snack in den Straßen Edinburghs.
Magische Nutzung: Die langen, flachen Blätter eigen sich hervorragend für Magie. Sie sind vielfältig verwendbar, so u.a. als Amulett oder als Schreibunterlage.

Wakame (Undaria pinnatifida)
Art: Braunalge / Seetang.
Geschmack: Streng, erinnert an Austern.
Im Handel: Getrocknet und frisch.
Zubereitung: Erst 5 bis 10 Minuten einweichen, dann ca. 10 Minuten kochen. Für Salate nur kurz mit heißem Wasser begießen und dann abkühlen lassen. Vorab die zähen Rippen entfernen.

In Gerichten: Lecker in Misosuppe und Dashi (japanische Suppen).
Sonstiges: Stärkt das Immunsystem und hilft bei Blutarmut. Senkt den Cholesterinspiegel, beugt Osteroporose vor. Unterstützt die Gewichtsreduktion. Japanische Frauen essen Wakame verstärkt nach einer Schwangerschaft, um das Blut zu reinigen.
Besonderheiten: Sehr populär als Bestandteil von Cremes aufgrund der lindernden Wirkung insbesondere bei Falten. Sie können damit auch Ihr Haar abdunkeln und gleichzeitig den Haarwuchs stimulieren. Hat den höchsten Eiweißgehalt aller Meeresalgen.
Wakame ist eine der populärsten Algensorten in Japan. Es gibt verschiedene Bezeichnungen für die Varianten:

Hoshi-wakame – Trocken
Kizami-wakame – Streifen
Ito-wakame – Gezuckerte Streifen
Yaki-wakame – Geröstet
Mehibi – Gehobelte Scheibchen mit Sauce

Magische Nutzung: Vielfältig, je nach verfügbarer Variante.

Strandflieder oder Strandnelke (Limonium vulgare)
Art: Meeresgemüse, das auf Schlick- und Salzsümpfen wächst (im Gezeitenbereich der Nordsee beispielsweise).
Geschmack: Als salziger Spinat, milder als Queller.
Im Handel: Frisch.
Zubereitung: Die langen dünnen Blätter der Pflanze werden verwendet. Kurz abspülen.
In Gerichten: 5 Minuten mit Butter dünsten. Lecker zu Muscheln, Austern und Fischgerichten.
Besonderheiten: Im Frühjahr und Sommer genießen. Im Englischen kennt man dieses Gemüse als *sea lavender.*
Magische Nutzung: Winden Sie eine Kette daraus und kerben Sie in jedes Blatt ein Symbol für einen Wunsch.

Queller (Salicornia)
Art: Meeresgemüse, das auf Schlick- und Salzsümpfen wächst (im Gezeitenbereich der Nordsee beispielsweise).

Geschmack: Herb-säuerlich.
Im Handel: Frisch, knackig. Fleischige Stengel.
Zubereitung: Die untersten Teile des Stengels entfernen, kurz unter fließendem Wasser abspülen.
In Gerichten: Dünsten oder braten.
Besonderheiten: Wächst auf der Grenze von Land und Salzwasser an den Küsten des Wattenmeeres. War früher als Wildgemüse erhältlich, steht aber heute unter Schutz. Aus Züchtungen erhältlich zwischen April und Ende August. Kann nur an bestimmten Tagen geerntet werden.
Magische Nutzung: Als Bestandteil von Meeresmagie.

Meersalat (Ulva lactuca)
Art: Grünalge.
Geschmack: Zäh, schmeckt ähnlich wie Sauerampfer.
Im Handel: In Meersalz ist frischer Meersalat lange haltbar.
Zubereitung: Gut abspülen.
In Gerichten: Roh oder gekocht. Lecker zu Fisch, Schwein, Lamm oder Huhn.
Besonderheiten: Eine der wenigen genießbaren Grünalgen, die in der Küche Verwendung finden. Vor allem in Devon, England, Wales und Irland bekannt.
Magische Nutzung: Die großen, flachen Blätter eignen sich als Beschreibungsmaterial, für die Herstellung von Amuletten und um Dinge darin zu verpacken.

REZEPTE ZUM ELEMENT WASSER

Portugiesische Stockfischkroketten

500 g Stockfisch – 400 g geschälte Kartoffeln – 4 bis 5 Eier – 2 sehr klein geschnittene Schalotten – Olivenöl – Salz und Pfeffer nach Geschmack – Petersilie – 5 zerdrückte Knoblauchzehen

Den Stockfisch ca. 24 Stunden in Wasser einweichen. Dann in Wasser ohne Salz garen. Dann Gräten und Hautreste entfernen. Den Fisch trocken tupfen und in der Küchenmaschine pürieren. Die Kartoffeln in Salzwasser garen und zerstampfen. Abkühlen lassen. Dann das Stockfischpürree zugeben und mit den Eiern, Knoblauch, Schalotten und Petersilie gut vermengen.

Mit Salz (so nötig) und Pfeffer abschmecken. In einer Pfanne Olivenöl erhitzen, die Kroketten mit Hilfe zweier Löffel formen und im Öl goldbraun frittieren.

Italienischer Thunfischsalat

1 Dose Thunfisch in Öl – 1/2 rote Paprika – 1/2 Dose Mais – 25 g blanchierte grüne Bohnen – 1 Dose Artischocken – 1 Tomate – 1 rote Zwiebel – Knoblauch – Pfeffer, Paprikapulver, Basilikum, Thymian, Oregano, Cayennepfeffer und Salz nach Geschmack

Lassen Sie den Thunfisch abtropfen und fangen Sie das Öl in einer Tasse auf. Fisch in Stücke zerpflücken. Paprika in lange, dünne Streifen schneiden und zusammen mit den Bohnen, dem Mais und dem Knoblauch zugeben. Die Tomate schälen, das weiche Innere herausnehmen, und in Streifen schneiden. Artischocken ggf. halbieren und mit den Tomaten zugeben. Kräuter und Gewürze in das Thunfischöl rühren und über den Salat gießen. Den Salat mischen und mit ganz dünn geschnittenen Zwiebelringen garnieren.

Lachstatar

300 g frischen Lachs – Pfeffer, Salz – 1 fein gewürfelte Schalotte – 1 TL Schnittlauch – 2 TL Weißweinessig – 2 TL Walnußöl – 1 TL Sonnenblu-

menöl – Zitronensaft – kleine Schälchen (vorzugsweise in Fischform) als Förmchen – frischen Toast - Butter
Den Lachs in ganz kleine Würfel schneiden. Mit Öl, Essig, Zitrone, Schalotte und Schnittlauch vermengen.
Ein Förmchen damit füllen und einige Zeit in den Kühlschrank stellen. Vor dem Servieren auf einen Teller stürzen und gebutterten Toast dazu reichen.

Spanischer Muscheleintopf
2 Dosen Tomaten in Würfeln – 1 Dose pürierte Tomaten – 2 kleine Dosen (oder 1 große Dose) Tomatenmark – 1 Würfel Fischbouillon – 2 Gläser trockener Weißwein – 100 g roher Schinken – 100 g Chorizo (eine spanische Paprikawurst) – 2 kg Muscheln – 1/2 Bündel frische Petersilie – 1 TL Paprikapulver – frischer Thymian nach Geschmack – 3 Zehen Knoblauch – 2 klein geschnittene Zwiebeln – 3 EL Olivenöl – Salz und Pfeffer nach Geschmack
Die Muscheln waschen. Wurst und Schinken in der Küchenmaschine fein zerhacken. In einer großen Pfanne Olivenöl erhitzen und die Zwiebeln darin anschwitzen. Wurst und Schinken darin kurz durchbraten. Dann Knoblauch, Tomaten, Tomatenmark, Weißwein und Fischbouillon zugeben. Alles zum Kochen bringen und etwas reduzieren lassen. Nun die Hälfte der gehackten Petersilie, den Thymian und die Muscheln zugeben. Das Ganze ca. zehn Minuten garen lassen. Mit Salz und Pfeffer abschmecken.
In eine große Servierschüssel umfüllen und mit der restlichen Petersilie dekorieren. Mit knusprigem Weißbrot servieren und dazu einen trockenen Weißwein reichen.

Japanische Misosuppe
1 Liter Dashi (Japanische Bouillon) – 1 EL getrockneten Wakame (Seetang) – 4 EL rote Misopaste – einige Shiitakepilze in Streifen
Den Seetang abspülen und ca. 10 Minuten in kaltem Wasser einweichen. Die Dashi erhitzen. Die Misopaste mit etwas Brühe in einer separaten Schale vermischen. Nun Seetang und angerührtes Miso zur Brühe geben, umrühren und heiß servieren.

Marinierter Seetangsalat

1/4 Chinakohl in dünnen Streifen – 1 kleine Gurke, gewürfelt – 1 TL Meersalz – 1 EL Zitronensaft – Zitronenschale, fein gehackt – 2 EL Arame (Seetang) – 1 EL Reisessig (Mitsukan) – 2 EL geröstete Sesamsaat

Den Seetang fünf Minuten in kaltem Wasser einweichen. Die Gurke und den Chinakohl mit Salz, Zitronensaft und Zitronenschale mischen. Den Seetang abgetropft in eine andere Schüssel geben und mit Reisessig übergießen. Gut fünf Minuten marinieren und zu der Gurken-Kohlmischung geben. Überschüssige Flüssigkeit abgießen. Mit der Sesamsaat mischen und servieren. Lecker als Beilage zu einem würzig-scharfen Menü.

Schifferschlückchen

Windstärke 8

1 Schnapsglas Gin – Prise Zimt – Prise Muskatnuß – 1 Schnapsglas Pflaumensaft – Eiswürfel. Mischen und in einem Zug austrinken.

Schietwetter

1 Schnapsglas Gin – 1/2 Schnapsglas Wermut – 1/2 Schnapsglas Orangensaft – 1 Schuß Blue Curaçao – Eiswürfel. Shaken und sofort servieren.

Matrosenmütze

1 Tasse starker, heißer Kaffee – 1 Schuß Beerenburg (friesischer Kräuterbitter) oder Rum. Nach dem Segeln wärmt dieser Trunk wieder ordentlich durch.

Seehund

1 Flasche lieblicher Weißwein – Schuß Zitronensaft – 1 Schuß Rum – 100 g Rosinen – 3 EL Zucker. Den Wein mit Zitronensaft, Rum und den Rosinen auf kleiner Flamme in einem Topf bei geschlossenem Deckel erhitzen. Nach einer halben Stunde den Zucker einrühren, bis dieser sich aufgelöst hat. Sofort servieren.

Meerjungfrau

1/2 Schnapsglas Dry Gin – 1/2 Schnapsglas Schlehenlikör – 1/2 Schnapsglas Curaçao braun – Schuß Zitronensaft – Zitronenscheibe – Cocktailkirsche – Gingerale – Eiswürfel. Die Alkoholika mit dem Zitronensaft in ein hohes Becherglas gießen. Mit Gingerale auffüllen und Eiswürfel zugeben. Mit Kirsche und Zitronenscheibe dekorieren.

MAGISCHE UND RITUELLE REZEPTE

Rituelle Rezepte sind Rezepte die speziell für ein Ritual zubereitet werden. Manchmal ist es wünschenswert, vor einem Ritual ein Bad zu nehmen, da dieses Körper und Geist reinigt und entspannt. In den folgenden Rezepten werden ätherische Öle verwendet. Generell gilt, daß die unverdünnten naturreinen ätherischen Öle die besten sind. Testen Sie vor dem Gebrauch, ob Sie allergisch auf ein bestimmtes Öl reagieren. Wenn Sie Zitrusöle verwenden, sollten Sie 3-4 Stunden danach nicht in die direkte Sonne gehen. Verwenden Sie ätherische Öle nie pur, auch im Bad nicht, sondern mischen Sie sie mit einem Basisöl oder mit Sahne. Nie in die Augen kommen lassen!

Hydrotherapie: Mittel gegen Kopfschmerzen

Stellen Sie Ihre Füße in eine Schüssel mit heißem Wasser. Legen Sie den Kopf zurück und kühlen Sie die Stirn mit einem kalten, nassen Tuch. Das warme Wasser zieht das Blut aus dem Kopf und hilft, zu entspannen.

Das rituelle Bad

Verwenden Sie Kräuter und/oder Öle, die mit Ihren Zielen korrespondieren. Das erfordert viel Aufmerksamkeit und Konzentration, wenngleich es natürlich in Ihrem Belieben steht, mit wieviel Intention Sie ein rituelles Bad oder eine rituelle Dusche ‚beladen'. Sie gehen sauber hinein und kommen noch reiner wieder heraus. Essen Sie am Tag des rituellen Bades nicht zuviel, nur ein paar leichte Häppchen. Nehmen Sie kein rituelles Bad, wenn Sie in einer aufgewühlten emotionalen Stimmung sind!

Vorbereitung

Reinigen Sie das Badezimmer, so daß es angenehm frisch und sauber ist und entzünden Sie einen schönen Weihrauch. Legen Sie ein großes Badelaken und ein kleines Handtuch für Ihre Haare bereit. Legen Sie ein paar Stunden vorher ein mit Blüten gefülltes Beutelchen, auf das Sie einige Tropfen ätherischen Öls geträufelt haben, zwischen die Handtücher. Das verwendete Öl sollte natürlich mit dem von Ihnen angestrebten Ziel zu tun haben. Stellen Sie einige Kerzen oder Teelichter bereit, die Sie anzünden, wenn Sie in die Wanne steigen. Ein rituelles Bad hat einen besonders verwöhnenden Badezusatz verdient, den Sie aus ätherischen Ölen, Salz und Kräutern selbst anmischen sollten. Mehr über Badesalze finden Sie im Buch über das Element Erde.

Das Bad

Spielen Sie ruhig passende Musik, während Sie das Bad nehmen. Vorsicht mit elektrischen Geräten im Badezimmer! Besser stellen Sie das Gerät in einem Nebenzimmer auf! Duschen Sie zuerst und seifen sich mit einer sanften Seife oder sanftem Shampoo ab. Lassen Sie danach (oder derweil, wenn Sie sowohl Wanne als auch Dusche haben) das Badewasser in die Wanne laufen. Das Wasser sollte Körpertemperatur haben. Streuen Sie etwas Badesalz ins Wasser und vielleicht auch noch einige passende Blüten. Wenn Sie keinen eigenen Garten haben, fragen Sie beim benachbarten Blumenhändler, ob Sie einige Restblumen, die immer beim Blumenstecken übrig bleiben, mitnehmen dürfen.
Nehmen Sie sich Zeit und genießen Sie das Bad. Visualisieren Sie dabei z.B., was Sie sich für Ihre Zukunft wünschen. Wenn Sie fertig mit Baden sind, dann gehen Sie in den Raum, wo Sie Ihr eigentliches Ritual abhalten wollen. Geben Sie nie ätherische Öle pur ins Badewasser. Mischen Sie sie immer mit einem Träger, entweder einem Basisöl (Mandel-, Jojoba-, Olivenöl o.ä.) oder mit Sahne.

Kleopatras Bademilch

250 g Milchpulver und 250 g Stärkemehl – 2 Tropfen Zitrone – 5 Tropfen Zeder – 11 Tropfen Geranium rose – 5 Tropfen Jasmin – 3 Tropfen römische Kamille – 4 Tropfen Neroli – 15 Tropfen Palmarosa – 5 Tropfen Mairose – 3 Tropfen Tuberose – 6 Tropfen Muskatellersalbei – 30 Tropfen Orange – 5 Tropfen Vanille – 30 Tropfen Ylang-Ylang – 3 Tropfen Zistrose
Geben Sie das Stärkemehl und das Milchpulver in einen Topf, tropfen Sie die Öle dazu, mischen Sie alles gut durch und lassen Sie den Ansatz gut zwei Wochen in dem verschlossenen Behälter ziehen. Pro Bad zwei Eßlöffel Badepulver in Wasser auflösen.

Naturparfüm Wasserfall

Mischen Sie mit 5 ml Jojobaöl oder 96%igem Alkohol: 2 Tropfen Jasmin, 3 Tropfen Ylang-Ylang, 4 Tropfen Neroli, 2 Tropfen Orange und 1 Tropfen Tuberose.

Öle zur Lösung von Blockaden

Folgende Öle wirken entspannend. Unsicherheit, Angst und Stress haben da erst gar keine Chance: Geranium rose, Jasmin, Rose, Tuberose und Ylang-Ylang.
Mischen Sie nach persönlichem Belieben 5% ätherische Öle mit einem Basisöl. So erhalten Sie ein entspannendes Body- und Badeöl.

Massageöl

	für Frauen	*für Männer und bei Allergie gegen Zitrusöle*
Basisöl	5 ml Jojobaöl oder	5 ml Jojobaöl
	5 ml Traubenkernöl	5 ml Macadamia (bei viel Haar)
ätherische Öle	3 Tropfen Grapefruit	3 Tropfen Majoran
	2 Tropfen Limone	2 Tropfen Lemongras

Diese Rezepte eignen sich auch für herrlich frische Body- und Badeöle.

Tip

Vorsicht bei Babys, kleinen Kindern, älteren und geschwächten Menschen, schwangeren Frauen und Säuglingen. Sie reagieren möglicherweise empfindlich auf die Bade- bzw. Body-Öle. Seien Sie ebenfalls mit direktem Sonnenlicht vorsichtig, insbesondere, wenn Sie Zitrusöle verwenden. Halten Sie sich an die Rezepte. Bei richtiger Dosierung sind die Mischungen nicht problematisch oder gar gefährlich. Bewahren Sie Ölmischungen immer kühl, dunkel und außer Reichweite von Kindern auf.

Hydrolate

Hydrolate sind die reinen Pflanzen- oder Blütenwasser, die nach einer Dampfdestillation übrig bleiben, mit der die ätherischen Öle aus der Pflanze extrahiert werden. Hydrolate sind nicht zu verwechseln mit aromatischem Wasser, dem einige Tropfen (synthetische) ätherische Öle zugefügt wurden. Als Basis verwendet man natürliches Quellwasser und aromatische Kräuter. Nach der Destillation hat das Mineralwasser viele nicht flüchtige Bestandteile der Pflanze aufgenommen und wird dann Hydrolat genannt. Gute Hydrolate sind sehr rein und enthalten keinen Alkohol oder andere Zusätze. Ein Hydrolat können Sie durch Zugabe eines Tropfens ätherischen Öls noch stärker duften lassen. Vergessen Sie dann nicht, das Hydrolat vor Gebrauch zu schütteln.

Hydrolate verwendet man äußerlich zur Reinigung für Gesicht und Hals, zum Anrühren von Lehmmasken oder -packungen, als Kompresse, in der Haarpflege, als Anreicherung des Badewassers oder als Basis für Naturparfüms, Aftershaves und Naturkosmetika. Aufgrund ihrer Milde sind Hydrolate besonders zur Pflege zarter Baby- und Kinderhaut geeignet. Innerlich können Sie Hydrolate in verschiedenen Speisen, Tees und Limonaden verwenden.

Selbst ein Hydrolat machen

Von einigen aromatischen Pflanzen sind reine Hydrolate nur schwer erhältlich. Machen Sie sie daher lieber selbst. Sie brauchen dazu:
1 sauberen Wasserkessel aus Kupfer oder rostfreiem Stahl – 1 hitzebeständigen Gummischlauch von mindestens einem Meter Länge – 1 große rechteckige Schüssel – 1 große Flasche – Kieselsteine – Mineral- oder Quellwasser – Leitungswasser – Eiswürfel – Kräuter wie Hamamelis, Klatschmohn, Lindenblüten, Mädesüß (Filipendula), Thymian, Veilchen oder Kornblume

Vorbereitung

Legen Sie die Kieselsteine auf den Boden des Kessels, um zu verhindern, daß die Pflanzen daran fest backen. Füllen Sie den Kessel nun lose mit den frisch gepflückten Kräutern Ihrer Wahl und gießen Sie mit Mineralwasser auf.

Die rechteckige Schüssel stellen Sie neben den Kessel und füllen sie mit Leitungswasser und Eiswürfeln. Die Schüssel muß groß genug sein, daß der Schlauch vom Kessel aus durch das Kühlwasser geleitet werden kann. Sie muß höher stehen als der Kessel, damit der Dampf ungehindert aufsteigen kann. Den Schlauch befestigen Sie an der Ausgußtülle des Kessel. Führen Sie ihn durch die Kühlschüssel und stülpen Sie das andere Ende auf die große Flasche, die wiederum tiefer als die Kühlzone steht, damit das Hydrolat abtropfen kann.

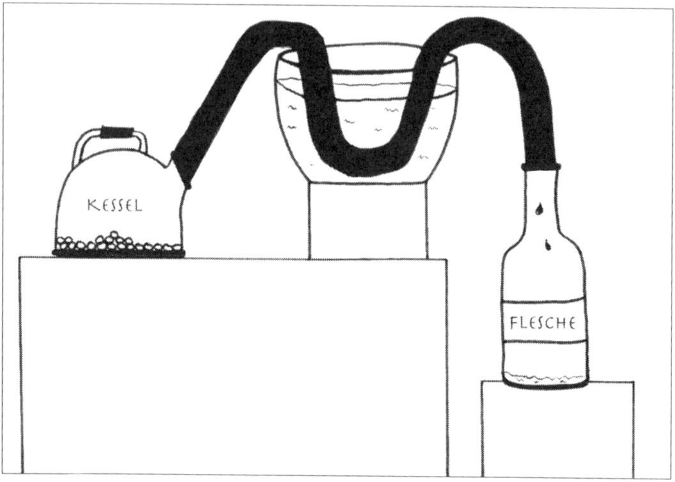

So funktioniert es

Erhitzen Sie den Kessel, bis das Wasser zu sieden beginnt. Lassen Sie den Inhalt auf niedriger Flamme leise vor sich hin köcheln. Füllen Sie die Kühleinheit immer mal wieder mit frischen Eiswürfeln auf.

Der entstehende Dampf bricht im Kessel die Zellen der Pflanzen auf und löst die ätherischen Öle heraus, die dann mit dem Dampf aus dem Kessel entweichen. In der Kühlschlange kondensiert der Dampf, wobei sich Wasser und Öl trennen. Das Kondensat heißt ab jetzt Hydrolat und wird in der Flasche aufgefangen. Je nach Art der Kräuter wird auch etwas ätherisches Öl frei. Das ist aber wenig, denn um nennenswerte Mengen ätherisches Öl zu extrahieren, braucht man große Kräutermengen. Beispielsweise ergeben zweieinhalb Schubkarren voll Melisse in einer professionellen Destillation nur eine winzige Menge Melissenöl. Die winzigen Mengen, die bei der oben beschriebenen Heimdestillation entstehen, können Sie im Hydrolat belassen.

Die Destillation erfolgt unter hohem Druck. Seien Sie also vorsichtig! Arbeiten Sie möglichst mit durchsichtigen Kühlschläuchen. Das sieht spannend aus, denn Sie können genau beobachten, wie sich das Öl vom Hydrolat trennt.

Verschiedene Hydrolate und ihre Anwendungsgebiete

Hamamelis (Hamamelis virginia)
Geeignet für sensible Haut, bei Krampfadern, Hämorrhoiden und Kupferfinnen (Rosacea) aufgrund ihrer zusammenziehenden Wirkung.

Römische Kamille (Chamaemelum nobile)
Ein seit jeher für seine heilsame Wirkung auf unreine und entzündete Haut bekanntes Hydrolat. Auch bei Akne, Ekzemen, Rheuma und Gicht. Es hat beruhigende und entzündungshemmende Eigenschaften und hilft auch gut bei trockener Haut und Psoriasis.

Kornblume (Papaver rheas)
Besonders geeignet bei Augenproblemen, vor allem für Menschen, die Kontaktlinsen tragen und häufig unter Entzündungen leiden. Reinigend und lindernd bei Hautproblemen.

Lavendel (Lavandula officinalis)
Dieses Hydrolat eignet sich hervorragend zur Förderung der Hautdurchblutung, der Zellerneuerung und der Hautneubildung. Irritierte Hautpartien beruhigen sich durch Lavendelhydrolat wieder.

Orangenblüten (Citrus aurantium)
Wirkt sanft pflegend und Zellen erneuernd speziell auf sensibler Haut.

Rose (Rosa damascena)
Eignet sich sehr gut für Augenkompressen und als Bestandteil von Heilerdemasken. Wirkt lindernd.

Rosmarin (Rosmarinus officinalis)
Ein Hydrolat, welches die Hautdurchblutung fördert und reinigend wirkt.

Magische Wässerchen für den rituellen Gebrauch

Etwas ganz anderes als Hydrolate sind magische Wässerchen, die aus heilkräftigen Quellen stammen oder die Sie selbst energetisch aufladen. Verwenden Sie solches Wasser in Ritualen oder bei Zaubersprüchen. Bewahren Sie sie in einem dunklen Glas an einem kühlen, dunklen Ort auf.

Göttinnenwasser

Füllen Sie eine Schüssel mit Wasser aus einer heilkräftigen Quelle und geben Sie rosafarbene Blüten Ihrer Wahl sowie einen Rosenquarz und einen Mondstein hinein. Lassen Sie das Wasser drei Tage lang bei Vollmond aufladen. Verwenden Sie dieses Wasser bei Liebeszaubern.

Mondwasser

Füllen Sie eine Schüssel mit einem 1/2 Liter Wasser und geben Sie einige weiße Blüten wie Jasmin oder Geißblatt dazu.
Stellen Sie die Schüssel sieben Tage lang in das Mondlicht. Beginnen Sie drei Tage vor Vollmond und hören Sie drei Tage nach Vollmond damit auf. Seihen Sie die Blüten heraus und bewahren Sie dieses Mondwasser in einer schönen Flasche auf, bis Sie bei einem Ritual die Kraft des Mondes benötigen.

Chalice Well of Glastonbury

Wenn Sie je die Gelegenheit haben, nach Glastonbury (England) zu kommen, dann vergessen Sie nicht zur Chalice Well zu gehen und dort eine Flasche mit diesem heilkräftigen Wasser mitzunehmen. Benutzen Sie es, wenn Sie sich kraftlos fühlen, um sich zu regenerieren.

Natürliches Regenwasser

Fangen Sie in einer hölzernen Tonne Regenwasser auf und laden Sie es mit Ihrer eigenen Energie auf und nutzen Sie es zum Blumengießen. Auch Ihren Haustieren wird es gut bekommen.

Tau

Tau ist seit jeher ein magisches Mittel bei Beschwörungen und Zaubersprüchen. Vor allem für Zauber, die neue Unternehmungen auf jeglichem Gebiet betreffen, wirkt Tau Wunder. Aber Tau ist auch ein wunderbares Schönheitsmittel bei sehr zarter Haut.

Schnee

Weicher, weißer, reiner Schnee hat schon allein durch seine blendende Reinheit eine heilsame und saubere Wirkung. Verwenden Sie Schnee bei Eiszaubern.

Tips: Sammeln Sie Wasser von besonderen Orten. Oft finden Sie in der Nähe von Kirchen oder Kapellen heilsame Quellen, aber auch Wasser aus quirligen Bergbächen, schnell fließenden Flüssen oder Meerwasser wirken Wunder.

SORGE TRAGEN FÜR DAS WASSER

Weltweit gelangen jährlich derartige Mengen von Abfällen ins Wasser, daß das Leben im Meer zunehmend bedroht ist. Dieser Abfall besteht zu 90 % aus Plastik, der Rest ist Glas, Holz und Metall, das von den Strömungen über Hunderte von Kilometern verdriftet wird. Tiere verfangen sich darin oder fressen davon und erkranken oder sterben.

Ein großes Problem ist unser Abwasser. Menschen spülen alles Mögliche durch den Ausguß, die Toilette oder den Straßengully in die Abwasserkanäle, was dort überhaupt nicht hinein gehört, von Chemikalien bis Essensresten. Durch den hohen Nährstoffgehalt des Abwassers droht das biologische Gleichgewicht des Lebensraums Wasser zerstört zu werden. Übermäßiger Algenwuchs, unter dem alles Leben erstickt, ist nur ein Beispiel für die Folgen. Ganz zu schweigen von den Unmengen an Medizinrückständen und Hormonen, die jeder, der Medikamente oder die Pille nimmt, über den Urin ins Wasser einleitet.

Abwasser muß in Kläranlagen umfangreich und gereinigt werden. Natürlich ist vorbeugen besser als heilen. Achten Sie also darauf, was Sie da gerade in den Ausguß kippen wollen.

Auch unser Trinkwasser verdient unsere Aufmerksamkeit. Wir können selbst eine ganze Menge tun, es sauber zu halten und sparsam damit umzugehen. Der durchschnittliche tägliche Wasserverbrauch pro Person erreicht Zahlen, die manch einen erschrecken werden:

Pro Bad: 120 Liter
Pro Dusche: 47-85 Liter
Waschbecken: 4 Liter
Toilette: 39 Liter
Wäsche: 28 Liter
Abwasch: 6 Liter
Nahrungszubereitung: 2 Liter
Sonstiges: 8 Liter

Tips für einen verantwortlichen Umgang mit Wasser

Küche

Legen Sie ein passendes Sieb in den Ausguß, um Reste aufzufangen.
Trennen Sie Ihren Abfall schon in der Küche. Gießen Sie niemals Öl oder Fett in den Ausguß und selbstredend auch keine Farbe, Terpentin, Verdünnung usw.
Alle Nahrungsreste werfen Sie in die Biotonne oder auf den Kompost im Garten. Auch Reste von Salatsoße schütten Sie besser dort hinein als in den Ausguß.
Sparen Sie beim Abwasch Wasser, indem Sie eine Spülschüssel verwenden. Wenn Sie Vorspülen, dann nicht unter fließendem Wasser. Wenn Sie einen Geschirrspüler benutzen, dann möglichst im Sparprogramm. Geben Sie auch nur halb soviel Geschirrspülmittel hinein. Das reicht in der Regel auch aus. Verwenden Sie keine Chemikalien gegen Ungeziefer, sondern suchen Sie nach natürlichen Alternativen (siehe im Buch über das Element Erde).

Badezimmer und Toilette

Stellen Sie einen kleinen Abfalleimer dort auf.
Verwenden Sie keine chemischen Duftmittel oder Spülwasserzusätze.
Lassen Sie während des Zähneputzens oder Rasierens nicht das Wasser laufen. Bauen Sie, so nicht vorhanden, eine Armatur mit Mischbatterie in Badewanne oder Dusche ein. Verwenden Sie möglichst keine Badezusätze oder Shampoos, die unnatürliche Chemikalien enthalten, sondern nutzen Sie biologisch abbaubare, natürliche Badezusätze. Dasselbe gilt für alle anderen Pflegeprodukte. Duschen Sie lieber, als zu baden. Duschen Sie kurz: naß machen, einseifen, abspülen. Bauen Sie eine Wasser sparende Toilettenspülung ein, bzw. drücken Sie den Hebel bei ‚kleinen Geschäften' gleich wieder zurück (Spartaste).

Wäsche

Nutzen Sie, wo immer es geht, Energiesparprogramme. Waschen Sie bei niedrigst möglicher Temperatur im kürzest möglichen Waschprogramm. Auf den Vorwaschgang können Sie in der Regel verzichten. Falls nötig, weichen Sie das Wäschestück vorher in einer separaten Schüssel etwas ein. Die kleine Wäsche zwischendurch machen Sie lieber per Hand. Schalten Sie die Waschmaschine erst dann an, wenn die Trommel wirklich voll ist.

Sonstige Tips:

Fahren Sie zum Autowaschen in die Waschanlage. Dort werden in der Regel die Abwässer separat aufgefangen. Lassen Sie die eine oder andere Autowäsche einfach ausfallen. Ihr Auto muß nicht immer blitzen wie gerade gekauft. Verwenden Sie Regenwasser zum Blumengießen oder Rasensprengen. Im Sommer können Sie das Wasser aus dem Kinderplantschbecken dazu verwenden. Stellen Sie eine Wassertonne (im Baumarkt erhältlich) unter die Regenrinne und sammeln Sie darin Regenwasser. Sprengen Sie den Garten nur, wenn es wirklich unumgänglich ist und dann möglichst nur vor Sonnenaufgang. Sie können auch nach Sonnenuntergang gießen, dann freuen sich die Schnecken.
Bewässern Sie die Gartenpflanzen nicht mit dem Wasserschlauch, sondern gießen Sie mit der Gießkanne.

GÖTTINNEN UND – GÖTTER

(Ä) – Ägyptisch, (G) – Germanisch, (GR) – Griechisch,
(K) – Keltisch, (R) – Römisch

Wassergöttinnen

Amphitrite (GR)– Meeresgöttin, die heftige Stürme auf See abflauen läßt.

Anch (Ä) – Göttin des Wasser, der Lust und der Wahrheit.

Aphrodite (GR) (Venus R) - Göttin der Liebe, Schönheit und sexuellen Ekstase. Geboren aus Schaum.

Artemis (GR) (Diana R) - Göttin der Jagd und des Mondes.

Atla (G) - Wassergöttin

Bast/Bastet (Ä) - Mondgöttin, Göttin der Musik, von Freude und Tanz, Sexualität, Fruchtbarkeit und Liebe. Dargestellt als Katze.

Boann (K) - Irische Göttin des Flusses Boyne.

Branwen (K) – Ursprünglich eine Liebesgöttin, die auch Venus der Nordsee genannt wurde. Sie ist die Zwillingsschwester von Bran, dem Gesegneten.

Brigantia (K) - Flußgöttin

Caolainn (K) - Irische Göttin, die eine heilkräftige Quelle bewachte.

Cerridwen (K) – Mondgöttin und zugleich Göttin der Wandlung. Sie hatte einen riesigen Kessel, in dem sie ein magische Gebräu bereitete. Es dauerte ein Jahr und einen Tag, bis es fertig war. Ihr Name bedeutet Kessel der Weisheit. In dem Kessel war eine Suppe mit Zutaten wie Inspiration und Wissen. Wer davon aß, bekam selbst auch Wissen und Inspiration.

Diana (R) (Artemis GR) – Göttin der Natur, Fruchtbarkeit und Geburt. Diana ist die Mutter der wilden Tiere und eine Mondgöttin.

Doris (G) – Meeresgöttin.

Holda/Holle (G) – Göttin der Geburt, des Todes und der Fruchtbarkeit.

Juturna (R) - Göttin der Brunnen und Quellen.

Kelaino (GR) - Wassergöttin

Keto (GR) – Meeresgöttin.

Luna (R) (Selene G) – Göttin des Mondes und des Kalenders.
Naunet (Ä) – Wassergöttin.
Salacia (R) (Amphitrite GR) - Meeresgöttin. Göttin der Gesundheit, des Glücks und des Quellwassers.
Selene/Phoebe (GR) (Luna R) – Mondgöttin.
Styx (GR) – Göttin des Flußes zur Unterwelt. Die Götter schworen ihre Eide auf diesen Fluß. Das brechen eines solchen Eides führte zum Verlust der Unsterblichkeit.
Su/Sulla (K) – Göttin der Heißwasserquellen.
Tamesis (K) – Göttin des Wassers. Der Name des Flußes *Themse* leitet sich von ihr ab.
Tauret / Taweret / Taurt / Taouris (auch Apet / Opet) (Ä) – Nilpferdgöttin, Göttin der Fruchtbarkeit, Schwangerschaft, Geburt, der Frauen und Kinder. Schwangere Frauen trugen ein Amulett dieser Göttin.
Tefnut (Ä) - Göttin der Unbesonnenheit und der Wolken. Wird als Frau mit einem Löwenkopf dargestellt.
Tiamat (B) - Göttin der Tiefe, des Chaos. Nahm die Gestalt eines Drachen an und schwamm in den Urgewässern umher.

Wassergötter
Achilles (GR) – Gott des gleichnamigen Flusses. Um ihm Unsterblichkeit zu verleihen tauchte seine Mutter ihn in den Styx. Dabei hielt sie ihn an der Ferse fest, wodurch diese nicht mit dem Styxwasser benetzt wurde und so zu der einzigen verletzlichen Stelle seines Körpers wurde (Achillesferse).
Aegir (GR) - Gott des Meeres. Wird von den Seeleuten gefürchtet und verehrt. Er war bekannt für die überschäumenden Vergnügungen, die er den anderen Göttern bot. Er wird auch der Bierbrauer genannt.
Alpheios (GR) - Flußgottheit. Sohn des Okeanos und der Tethys.
Chons (Ä) - Mondgott.
Dylan (K) – Meeresgot, Sohn von Arianrhod.
Hapi/Hapy (Ä) - Gott des Wassers.

Neptun (R) (Poseidon GR) - Gott des Meeres und aller Gewässer. Festtag am 23 Juli.
Nuadhu/Nud/Nodens/Lud (K) - Gott der Heilung und des Wassers, Überbringer von Wohlstand und Schöpfer der Wolken.
Oannes (B) – Gott, dargestellt mit einem Fischbündel.
Poseidon (R) - Gott des Meeres und der Erdbeben.
Sin (B) – Mondgott, Feind aller bösen Geister.

KORRESPONDENZEN

Element	**Wasser**
Weiblich / männlich	weiblich
Tierkreiszeichen	Krebs, Skorpion, Fische
Planeten	Mond, Pluto, Neptun
Temperament	phlegmatisch
Psychisch	depressiv
Type	Gefühl
Jungianisch	aufgeschlossen und feinfühlig
Feste	Lughnasadh, Mabon
Sinn	Geschmack
Geschmack	bitter
Stoff	Flüssigkeit
Synonym	emotional
Körperteil	Herz, Dünndarm, Blut
Alchemie	Quecksilber
Magische Gegenstände	Kelch, Muschel, schwarzer Spiegel
Magieform	Spiegel, Muscheln, Meer, Wasser, Flaschen, Mond
Steine	grüner Jaspis, Smaragd, Mondstein, Malachit, Amethyst, Hämatit, Olivin, Aquamarin
Bäume	wilder Apfel, Birke, Judasbaum (Cercis siliquastrum), Linde, Ulme
Naturwesen	Undinen
Musikinstrumente	Sistrum, Glocke, Gong, Klangschalen, Zimbel, Triangel
Tarot	Kelche
Jahreszeit	Herbst
Temperatur	Kälte
Entwicklungsstufe	fliegen
Metalle	Stahl, Platin
Tageszeit	Dämmerung
Lebensabschnitt	40-60 Jahre
Qualitäten	emotional, phantasievoll, feinfühlig, mystisch, kreativ, aufgeschlossen, spirituell
Fehler	sentimental, lamentierend, launisch, psychotisch, weinerlich, Opferverhalten

ÄTHERISCHE ÖLE

Ätherische Öle mit einem starken Wassercharakter sind in der Regel Öle von Obst und anderen Früchten.

Bergamotte	Citrus bergamia
Geranium rose	Pelargonium roseum
Grapefruit	Citrus paradisii
Jasmin	Jasminum officinalis
Kamille:	
blaue	Matricaria recutita
römische	Chameamelum nobile
wilde	Artemisia mixta
Lemongras	Cymbopogon citratus
Limone	Citrus aurantifolia
Litsea	Litsea citrata
Mairose	Rosa centifolia
Majoran	Origanum majorana
Mimose	Akazie dealbata Link Tatl.
Muskatellersalbei	Salvia sclarea
Narzisse	Narcissus poeticus
Neroli	Citrus aurantium ssp. aurantium
Orange	Citrus sinensis
Palmarosa	Cymbopogon martinii W.
Schafgarbe	Achillea millefolium
Strohblume	Helicrysum italicum
Thymian, weißer	Thymus vulgaris thymol
Tonka	Dipteryx odorata
Tuberose	Poleanthes tuberosa
Vanille	Vanilla plantifolia
Ylang-Ylang	Cananga odorata
Zeder	Cedrus atlantica
Zistrose	Cistus ladaniferus
Zitrone	Citrus limonia Burn
Zitronenthymian	Thymus vulgaris var. Linalol

SYMBOLIK DER FARBEN

Farbe
B) = Bedeutung
M) = Magische Wirkung

Rot – B) Lebensfreude, Emotionen, die Farbe der aufgehenden Sonne. Eine dynamische Farbe, die aktiviert und großes Selbstvertrauen gibt. Diese Farbe regt an, macht energisch und ist sehr durchdringend. Hilft bei Blutarmut, Diät und Abgespanntheit. – M) Liebe, Passion, Willenskraft, Tatkraft, Mut, Aggression, stimulierende Farbe.
Rosa – B) Die Farbe des Herzens. Symbolisiert Liebe, Zuneigung, Harmonie und Tagträume. Diese Farbe ist buchstäblich süß. – M) Geld und Erfolg, Liebe, Gesundung, Glück, Heilung, astrale Projektion, Ruhe, Freundschaft, Weiblichkeit.
Orange – B) Steht für Optimismus und Lebensfreude und gibt Mut, Kraft, Herzlichkeit und Freude. Stimuliert die Selbstbeherrschung. Diese spirituelle Farbe ist gut für das Selbstvertrauen. Orange hilft bei Magersucht, Allergien, Energiemangel, Trübsinnigkeit und Blutarmut. – M) Wahrsagen, Kreativität, Glück, Meditation, Freude.
Braun – B) Die Farbe der Erde und damit der Stabilität und Geborgenheit. Braun ist eine Naturfarbe, unauffällig aber unverzichtbar. – M) Austreibung, Leidenschaft, Konzentration, Studium, Auffinden verlorener Gegenstände.
Gelb – B) Weisheit, Denkvermögen und Intelligenz. Steht auch für Kreativität, Freude und Aufgewecktheit. Gelb wird mit der Sonne assoziiert. Hilft bei der Harmonisierung des Nervenkostüms, bei Magenproblemen, Verdauung, Stimmungsschwankungen und Lernschwierigkeiten. – M) Kommunikation, Studium, Reisen, astrale Projektion, mentale Kraft, Konzentration, hebt Flüche auf, Vertrauen.
Grün – B) Naturfarbe, stabil, frisch und angenehm. Grün beruhigt die Nerven, schärft die Sinne und verleiht Ruhe und Entspannung, sorgt für Gleichgewicht und Harmonie und steht für Friede und Hoffnung. Grün hilft bei Krämpfen, Arthrose, Augenschmerzen, Erkältung und

Grippe, chronischen Entzündungen und Vergiftungen. – M) Geld und Erfolg, Ruhe, Friede, Kunst, Attraktivität, Fruchtbarkeit, Harmonie.

Türkis – B) Selbstbewußtsein, Freundschaft und Phantasie. Eine sehr aparte Farbe, die Menschen mit Kontaktschwierigkeiten hilft. – M) Heilung, astrale Projektion, Hellsichtigkeit.

Blau – B) Ruhc, Frieden, Entspannung und Harmonie. Bei Blau denken Sie sofort an die Farbe des Himmels. Diese Farbe gibt ein wohltuendes Gefühl von Zufriedenheit und Ruhe. Hilft bei Entzündungen, Zahnschmerzen, Verbrennungen und inneren Blutungen. – M) Schutz, Heilung, Studium, astrale Projektion, Hellsichtigkeit, Weisheit.

Indigo – B) Mystische, spirituelle Farbe die mit Ausgewogenheit, Harmonie und Vollständigkeit in Verbindung gebracht wird. Indigo hilft bei Wachstumsstörungen und Krankheiten am Kopf. – M) Mentale Kraft, Ausgeglichenheit, Leidenschaft, Unabhängigkeit, Kommunikation, Meditation.

Violett – B) Verwandlung, Spiritualität, Mystik und Magie. Hilft bei Haarausfall, Gürtelrose und Migräne. – M) Astrale Projektion, Unabhängigkeit, Abschied, Hellsichtigkeit, Kraft, Meditation.

Grau – B) Vorsicht, Kompromisse, Ruhe und Flexibilität. – M) Eine Farbe, die neutralisiert, Ruhe.

Schwarz – B) Depression, Verlust. In den westlichen Ländern die Farbe von Tod und Reue. Schwarz wird mit Aussichtslosigkeit, das schwarze Loch, Elend und Verdruß assoziiert, bedeutet aber auch einen starken Lebenswillen, Stil und Geheimnis. – M) Bannen, Vernichten, Abschied, das Irdische, eine absorbierende Farbe, Kontrolle.

Weiß – B) Reinheit, Klarheit und Unschuld; Symbol des Lichts, des Jenseits und der universellen Liebe – M) Mondmagie, Reinigung, neutralisierend, astrale Projektion, Einweihung, Schutz.

Silber – B) Wird mit dem Mond und mit Reinheit assoziiert. – M) Mondmagie, astrale Projektion, Friede, Hellsichtigkeit, Stabilität, Ausgeglichenheit, Wahrsagen.

KORRESPONDENZEN ASTROLOGIE

Element	Tierkreiszeichen	Planet	Haus
Feuer	Widder	Mars	1
Erde	Stier	Venus	2
Luft	Zwillinge	Merkur	3
Wasser	Krebs	Mond	4
Feuer	Löwe	Sonne	5
Erde	Jungfrau	Merkur	6
Luft	Waage	Venus	7
Wasser	Skorpion	Pluto	8
Feuer	Schütze	Jupiter	9
Erde	Steinbock	Saturn	10
Luft	Wassermann	Uranus	11
Wasser	Fische	Neptun	12

ASZENDENT BERECHNEN

Tierkreiszeichen → geburtszeit ↓	♈	♉	♊	♋	♌	♍	♎	♏	♐	♑	♒	♓
04-06	♈	♉	♊	♋	♌	♍	♎	♏	♐	♑	♒	♓
06-08	♉	♊	♋	♌	♍	♎	♏	♐	♑	♒	♓	♈
08-10	♊	♋	♌	♍	♎	♏	♐	♑	♒	♓	♈	♉
10-12	♋	♌	♍	♎	♏	♐	♑	♒	♓	♈	♉	♊
12-14	♌	♍	♎	♏	♐	♑	♒	♓	♈	♉	♊	♋
14-16	♍	♎	♏	♐	♑	♒	♓	♈	♉	♊	♋	♌
16-18	♎	♏	♐	♑	♒	♓	♈	♉	♊	♋	♌	♍
18-20	♏	♐	♑	♒	♓	♈	♉	♊	♋	♌	♍	♎
20-22	♐	♑	♒	♓	♈	♉	♊	♋	♌	♍	♎	♏
22-24	♑	♒	♓	♈	♉	♊	♋	♌	♍	♎	♏	♐
24-02	♒	♓	♈	♉	♊	♋	♌	♍	♎	♏	♐	♑
02-04	♓	♈	♉	♊	♋	♌	♍	♎	♏	♐	♑	♒

♈ Widder
♉ Stier
♊ Zwillinge
♋ Krebs
♌ Löwe
♍ Jungfrau
♎ Waage
♏ Skorpioen
♐ Schütze
♑ Steinbock
♒ Wassermann
♓ Fische

GLOSSAR

Akasha – Das herausragende und zarteste Element (der 5 Elemente Indiens). Es bedeutet wörtlich übersetzt „Raum", „Leere", „das alles Durchdringende".
Alchemie – Esoterische Wissenschaft, die mit den hermetischen Schriften, der Physik und Chemie arbeitet. Ein Alchemist strebt danach, den Stein der Weisen und das Lebenselixier zu finden, die beide außergewöhnliche Qualitäten besitzen. Die persönliche Entwicklung auf dem Weg zu diesem Ziel ist jedoch noch wichtiger.
Altar – Kleine, flache Oberfläche, z.B. ein Tischchen, auf dem magische Gegenstände liegen. Wird für die Ausführung von Ritualen benötigt.
Amulett – Magisch aufgeladener Gegenstand, der zum Schutz dient.
Anaximander – Griechischer Philosoph (611 - 547 v.Chr.) Er unterstellte, daß das Apeiron, das Unbenennbare, die göttliche Quelle ist.
Anaximenes – Griechischer Philosoph (585 - 528 v.Chr.). Er hielt die Luft für das Urelement.
Ankh – Das ägyptische Symbol für Leben, Liebe und Wiedergeburt.
Aristoteles – Griechischer Philosoph (384 - 322 v.Chr.). Er entwickelte die Theorie der vier Elemente und der Transmutation und sah den Äther als fünftes Element.
Ásatrú – Eine Strömung, die zum germanischen Heidentum zählt.
Astrale Projektion – Alles, was in der feinstofflichen Welt geschieht und daher nicht mit unseren 5 physischen Sinnen, wohl aber mit dem 6. Sinn, wahrgenommen werden kann.
Astralkörper – Der Lichtkörper oder feinstoffliche Körper, den jeder Mensch hat. Er ist mit dem irdischen Körper mit einer Art Band (Silberschnur) verbunden.
Astralreise – Das Bewegen durch Dimensionen, die außerhalb der irdischen Zeit und des irdischen Raums liegen. Reisen auf der Astralebene, die auch die vierte Dimension genannt wird.
Aszendent – Das Tierkreiszeichen, welches während der Geburt am östlichen Horizont erscheint.
Aura – Eine Sphäre, die jedes lebende Wesen um sich hat und in der sich Erfahrungen, Charakter und Veranlagung zeigen.

Austreten – Aus dem physischen Körper heraustreten, um sich einige Zeit auf der Astralebene zu bewegen.

BDS (BOS) – Buch der Schatten (*Book of Shadows*). Handgeschriebenes Arbeitsbuch mit Sprüchen, Formeln und Rezepten einer Hexe.

Beltane/Beltaine – Fruchtbarkeitsfest am 1. Mai, welches am Abend zuvor gefeiert wird. Einer von 8 Sabbaten.

Besen – Bekanntes Hexensymbol. Wird für Reinigungsrituale zur Entfernung unerwünschter Energien verwendet.

Brown, Yull (1922- 1998) – Wissenschaftler, der das Brown'sche Gas (ca. 1970) entdeckte.

Caduceus – Alchemistisches Symbol, welches Dualität bedeutet. Zugleich Symbol des Handels, der Heilkunde und der Kommunikation.

Cerealoge – Kornkreisforscher.

Chant – Rhythmisches Wiederholen eines Reims oder Spruchs, mit oder ohne instrumentale Begleitung.

Coven – Hexenkreis, traditionell aus mindestens 3, maximal aber 13 Hexen bestehend, die Hohepriesterin mitgezählt. Gegenwärtig gibt es jedoch auch größere Hexenkreise.

Deosil – Im Uhrzeigersinn.

Druidentum – Naturnahe Lebensweise, vor allem mit keltischen Einflüssen, häufig in Gruppenverbänden, wobei die Belange von Mutter Erde im Mittelpunkt stehen. Auch die Entwicklung der Kreativität spielt eine wichtige Rolle. Druide können Sie über einen Einweihungsweg mit verschiedenen Graden werden.

Eklektische Hexerei – Mix aus verschiedenen (Hexen-)Traditionen. Eine eklektische Hexe nutzt sowohl schamanische als auch druidische Elemente in ihren Ritualen, etwa indem sie Totemtiere mit dem keltischen Baumorakel kombiniert.

Elemente – Erde, Feuer, Wasser und Luft. Die im Westen gebräuchlichen Bezeichnungen stammen vom griechischen Philosophen Empedokles.

Eleusismysterien – Gebunden an den Demeter-Kult, dessen Zentrum sich in Eleusis befand, daher der Name.
Eleusis ist ein wichtiger Ort im Mythos von Demeter und Persephone. Auch als Demeter-Kult bezeichnet.

Empedokles – Griechischer Philosoph (494 - 434 v.Chr.), der den Begriff der vier Elemente erdachte.
Erde – Element mit der größten Dichte aller Elemente, welches den anderen Elementen Stabilität und Form gibt.
Erdstrahlen – Auch als Elfen- oder Trolllinien bekannt. Diese Linien haben eine starke Energie, oft negativ, und verlaufen wie ein Netzwerk rund um die Erde.
Erdzeichen – Tierkreiszeichen mit irdischen Eigenschaften: Stier, Jungfrau, Steinbock.
Esbat – Mondfest, meist bei Vollmond, wenngleich manche Hexen auch an Neumond Esbat feiern.
Feuer – Eines der vier (fünf) Elemente. Korrespondiert mit Themen wie Transformation, Sehnsucht, Wille, Kreativität, Erkenntnis.
Germanisches Heidentum – Eine Strömung, in der die germanische Mythologie eine wesentliche Rolle spielt. Daneben sind die Natur, die Menschen, die Sprache und die Geschichte von großer Wichtigkeit.
Heraklit von Ephesus – Griechischer Philosoph (ca. 540 - 480 v.Chr.). Er hielt das Feuer für den Anbeginn von allem.
Hermetische Schriften (Corpus Hermeticum) – Man nimmt an, daß diese Schriften geheime Informationen der ägyptischen Mysterienschulen über Alchemie, Astrologie, Mathematik, Physik, Baukunst und Magie enthalten. Sie sollen von dem ägyptische Gott Thot zusammengestellt worden sein, der im Griechischen Hermes (Hermes trismegistus) genannt wurde.
Hexe – Das Wort 'Hexe' kommt ursprünglich aus dem althochdeutschen hagetisse oder haechdisse. Eine hagetisse (hagezussa, hagadessa) war jemand, der auf Hecken oder Zäunen ritt, also auf der Grenze zwischen den Welten. Es gibt verschiedene Arten von Hexen, u.a. Solohexen und Wicca's.
Hexerei – Manche Menschen nennen es eine Religion, man kann Hexerei aber einfach nur als eine Lebensweise auffassen. Diese Lebensweise studiert natürliche Prozesse und hält die natürlichen Abläufe in Ehren, nutzt aber auch ganz praktisch Methoden wie das Wahrsagen oder die Magie. Rituale dienen dazu, mit den Kreisläufen der Natur und des Menschen selbst in Harmonie zu kommen. Rituale werden meistens an

den Höhepunkten der Jahreszeiten, während der Höhepunkte des Mond- oder Sonnenzyklus, und an wichtigen Stationen des Lebens vollzogen.

Hippokrates – Griechischer Philosoph (460-377 v.Chr.). Legte die vier Temperamente und die vier Körpersäfte fest.

Imbolc/Oimelc – Jahresfest, gefeiert am 1. oder 2. Februar. Dabei wird die keltische Göttin Brigid verehrt. Aussaatfest, welches nach der Geburt der ersten Lämmer gefeiert wird.

Jul – Jahresfest am 21. Dezember, bei dem die Rückkehr des Lichts gefeiert wird.

Jung, Carl Gustav – Schweizer Psychiater (1875-1961), der seine analytische Psychologie auf die Basis der vier Elemente stellte.

Kelch (*chalice*) – Weibliches Element, das zugleich das Element Wasser symbolisiert.

Kessel (*cauldron*) – Symbol für die Göttin, für Wiedergeburt, Unsterblichkeit und für das Element Wasser. In dem Kessel wird ein Feuer entzündet, worin rituell Gegenstände verbrannt werden, etwa Papier mit aufgeschriebenen magischen Formeln.

Konsekrieren – Weihen/segnen eines Gegenstandes mit Energie.

Kornkreise – Kreise und Abbildungen (Piktogramme), die auf geheimnisvolle Weise spontan in einem Kornfeld entstehen, wahrscheinlich unter Einfluß sehr starker Energien.

Kreis – Magischer Raum, in dem die Hexe ihre Rituale ausführt.

Kundalini (Feuerschlange) – Energieform, die etwa durch Tantra geweckt wird und mit der die Einswerdung mit dem Göttlichen erreicht wird.

Lebenselixier – Alchemie. Ein Trank, der ewiges Leben verleiht.

Leylinien – Auch als Drachenwege bekannt. Sie sind Linien mit starker Energie, oft positiv, die in einem Netzwerk über die ganze Erde verlaufen. Es handelt sich um Kraftorte, wo häufig wunderliche Erscheinungen gesichtet werden.

Luft – Eines der vier (fünf) Elemente. Korrespondiert mit den Themen Kommunikation, Reisen, Verbindung, Analysieren, Gedanken.

Lughnasadh/Lammas – Jahresfest um den 1. August, bei dem die Getreideernte gefeiert wird.

Luzider Traum – Ein Traum, in dem Sie wissen, daß Sie träumen, wodurch Sie den Traum in bis zu einem gewissen Punkt steuern können.
Mabon – Jahresfest am 21. September, dem Herbstäquinoktium. Ein Dankfest zum Abschluß der Ernte.
Magie – Das Beeinflussen von Energie durch Kombination der eigenen mentalen Energie mit verschiedenen Hilfsmitteln. Auch: Verehrung der Götter. Im Englischen wird der Begriff magick mit ‚ck' geschrieben, im Unterschied zum von Illusionisten angewendeten Wort magic.
Magnetisieren – Mit Energiestrahlen verstehen.
Mithraskult – Kult, der vor allem von Männer ausgeübt und im Jahre 395 verboten wurde.
Naturphilosophen – Philosophen, die sich mit Theorien rund um die Naturbegriffe Erde, Wasser, Feuer und Luft beschäftigen.
NTE – Nahtod-Erfahrung.
OBE – Out of Body Experience, siehe unter Austreten.
Ostara – Jahresfest, Frühjahrsäquinoktium am 21. März.
Paganismus – Allgemeiner Begriff für Heidentum bzw. seine modernen Erscheinungsformen. Dazu zählen etwa die Hexerei und Wicca, Druidentum, germanisches Heidentum und Schamanismus.
Paracelsus – Alchemist, Astrologe und Naturheilkundiger (1493-1541). Prägte den Begriff *tria-prima* und beschrieb die Naturwesen.
Pentagramm – Fünfzackiger Stern, das wohl bekannteste Hexensymbol. Die fünf Spitzen symbolisieren Erde, Wasser, Luft, Feuer und Geist (Äther).
Pentakel – Pentagramm auf einer Scheibe, die auf dem Altar liegt und die Erde symbolisiert. Auf dieser Scheibe werden magische Handlungen vollzogen.
Plato – Griechischer Gelehrter (ca. 427-347 v.Chr.). Entdeckte die fünf platonischen Formen.
Präzession – Die Kreiselbewegung der Erdachse. Ein Präzessionszyklus dauert ca. 25920 Jahre.
Qadishtu (Nu-gig) – Babylonische Tempelpriesterinnen.
Ragnarök – Der Endkampf der germanischen Mythologie, in dem die Feuerriesen alles in Brand setzen und so den Weltuntergang bewirken.

Reiki – Universelle Lebensenergie.

Runen – Magische Schriftzeichen, die unter anderem in der Bindungsmagie, einer sehr starken Magieform, aber auch in der Wahrsagerei verwendet werden.

Sabbat – Jahresfest. Er es gibt acht Jahresfeste: Imbolc, Beltaine, Lughnasadh, Samhain, Mabon, Litha, Ostara und Jul.

Samhain (Halloween) – Jahresfest, welches am 31. Oktober gefeiert wird und den Winter einläutet. Für Hexen ist dieser Tag der Beginn ihres neuen Jahres (Hexenneujahr).

Schamanismus – Uralte, jetzt wieder populäre spirituelle Strömung, welche die Weisheiten der Schamanen aus aller Welt (Nordamerika, Afrika und Sibirien) bezeichnet. Der Neoschamanismus kombiniert unterschiedliche Richtungen miteinander.

Schwitzhütte (Inipi) – Schamanistischer Brauch, der vor allem von den nordamerikanischen Indianern gepflegt wird und nun auch im Westen immer mehr Anhänger findet. Die Hütte versinnbildlicht den Bauch der Mutter Erde und wird derart aufgeheizt, daß man in eine Art Trance verfällt.

Shapeshifting – Gestaltwandeln. Englischer Begriff für das Verändern der eigenen Gestalt (z.B. Verwandlung in einen Raben oder Adler), wie es vor allem von Schamanen praktiziert wird.

Stab – Magisches Werkzeug aus Holz. Eine moderne Hexe benötigt zwei Stäbe, einen kurzen und einen langen, die für jeweils andere Zwecke verwendet werden.

Stein der Weisen – Begriff aus der Alchemie. Die Formel, die einfache Metalle in Edelmetalle (Gold) transformiert.

Steinkreise – Hiermit werden sowohl einheimische Hünengräber als auch die großen keltischen Steinkreise (Stonehenge, Avebury in Großbritannien) und die megalithischen Monumenten (Menhire) etwa in Frankreich bezeichnet. Bisher ist noch nicht eindeutig nachgewiesen, wozu diese Kreise dienten. Die einen halten sie für Bebräbnisstätten, andere für Kalender.

Sterndeuterei – Eine Mischung aus Astrologie, Astronomie und Wahrsagen, wie sie u.a. in Babylonien praktiziert wurde.

Tantra – Kombination östlicher Spiritualität, Sexualität und ritueller Magie, die viel Übung hinsichtlich Technik und Selbstbeherrschung verlangt.

Tattwas – Sanskrit-Wort für die elementaren Uranfänge. Bedeutet wörtlich ‚die Das-heit'. Es kursieren unterschiedliche Definitionen, doch meist werden mit Tattwa die fünf auch im Westen bekannten Elemente gemeint: Erde, Wasser, Luft, Feuer und Äther.

Thales – Griechischer Naturphilosoph (ca. 624-545 v.Chr.) Er glaubte, alles sei aus dem Element Wasser entstanden.

Tierkreis (Zodiac) – Die Bahn, in der die zwölf Tierkreiszeichen sich bewegen.

Tierkreiszeichen – Zwölf Segmente von jeweils 30° (zusammen 360°, die jährliche Umlaufbahn um die Sonne) die ihre Namen nach uralten Sternbildern erhielten. Die Tierkreiszeichen sind infolge der Präzession allerdings nicht mehr deckungsgleich mit den Sternbildern.

Trancereisen – Eine schamanische Meditationstechnik.

Wahrsagen – Wahres sagen, die Zukunft vorhersagen, Einsicht gewinnen mit Hilfe bestimmter Hilfsmittel.

Walpurgisnacht – Jahresfest, welches vor allem deutsche Hexen am 30. April feiern.

Wasser – Eines der vier (fünf) Elemente. Korrespondiert mit Themen wie Gefühle, Emotionen, Liebe, Häuslichkeit.

Wicca – Religiöse Strömung innerhalb des Paganismus und der Hexerei. Wicca gilt als Priesterschafts- bzw. Einweihungsreligion. Wenngleich Hexerei und Wicca häufig als dasselbe angesehen werden, gibt es wichtige Unterschiede. Wiccas nennen sich allerdings auch Hexen.

Winti – Surinamischer Naturglaube, in dem Luft- und Erdgeister eine wesentliche Rolle spielen.

Zarathustra (Zoroaster) – Altpersischer Prophet und Religionsstifter, der vor rund 2000 Jahren lebte. Begründer des Mazdaismus, eine Religion, die das Feuer in den Mittelpunkt stellt.

Zauber – Magische Handlung in Kombination mit einem Spruch.

LITERATUR

in englischer Sprache

Earth, air, fire & water – Scott Cunningham. Llewellyn, Minnesota 2002
Earth, Water, Fire and Air – Cait Johnson. Skylight Paths Publishing, Woodstock 2003
Encyclopedia Of Magickal Herbs – Scott Cunningham. Llewellyn
The curious lore of precious stones – George Frederick Kunz. Dover Publications, New York, 1913
The Great Cosmic Mother, rediscovering the religion of the earth – Monica Sjöö & Barbara Mor. Harper & Row 1987
Wisdom of the elements, the sacred wheel of Earth, Air, Fire and Water – Margie McArthur. The Crossing Press, 1998

in deutscher Sprache (ergänzt durch die Übersetzerin)

Astrologie / Mond
Astrologie für Einsteiger – Marian Bollen. Iris, Amsterdam 2000
Vom richtigen Zeitpunkt. Die Anwendung des Mondkalenders im täglichen Leben – Johanna Paungger / Thomas Poppe. Irisana, München 28./1996

Divination
Das große Pendelbuch – Petra Sonnenberg. Iris, Amsterdam 1998
Das praktische Pendelset für Einsteiger - Petra Sonnenberg. Iris, Amsterdam 1999
Runen als Wegbegleiter - Magdalena Caland. Iris, Amsterdam 1997
Arbeiten mit den Wahrsagekarten von Mademoiselle Lenormand – Christiane Renner. Iris, Amsterdam 2002

Tarot
Tarot als Lebensweg – Karen Hamaker-Zondag. Iris, Amsterdam 2002
Was die Karten uns verraten – Petra Sonnenberg. Iris, Amsterdam, 2003
Kräuter, Öle, Blumen und Bäume, Edelsteine

Aromatherapie - Julia Lawless. Könemann, Köln o.J.
Die spirituelle Kraft der Bäume - Petra Sonnenberg. Iris, Amsterdam 1999
Dumont's Große Kräuter – Enzyklopädie. DuMont, Köln 2./1996
Enzyklopädie der Naturheilmittel - C. Norman Shealy. Könemann, Köln o.J.
Das Große Lexikon der Heilsteine, Düfte und Kräuter. Methusalem, Neu-Ulm 8./2000
Heilende Steine von A-Z – Petra Sonnenberg. Iris, Amsterdam 2000
Magie der Blumen - Eva Sawada. Iris, Amsterdam 2001
Weihrauch - Erna Droesbeke. Iris, Amsterdam 1998

Götter und Göttinnen
Ägyptische Mythologie – Günther Roeder. Komet, Frechen 2000
Lexikon der abendländischen Mythologie – Otto Holzapfel. Herder, Freiburg 1993

Wicca und Hexerei
Alte Traditionen – Moderne Hexen – Claudia van der Sluis. Iris, Amsterdam 2001
Besen und Pentagramme. Handbuch für junge Hexen – Minerva. Iris, Amsterdam 2001
Handbuch für Hexen – Noud van den Eerenbeemt. Iris, Amsterdam 3./2000
Kleines Lexikon des Hexenwesens – Ditte und Giovanni Bandini. dtv, München 2000
Das neue Lexikon des Aberglaubens – Walter Gerlach. Eichborn, Frankfurt/M. 1998
Von Abrakadabra bis Zodiakus. Lexikon des Aberglaubens und der magischen Künste – Christina Zacker. Falken, Niedernhausen 2000
Wicca – Die alte Religion im neuen Zeitalter – Vivianne Crowley. Edition Ananael, Bad Ischl 2./1998

Verschiedenes
Kerzen-Zauber - M.E.Caland. Iris, Amsterdam 1999
Lexikon des Geheimwissens – Horst E. Miers. Goldmann, München 1993
Lexikon der Symbole – Wolfgang Bauer u.a. Heyne, München 14./1997
Die Lehren des Don Juan – Carlos Castaneda. Fischer, Frankfurt 1998
Muscheln und Schnecken der Weltmeere – Gert Lindner. BLV, München 5./1999

Software
Astroscoop Plus, astrologische Software für Windows 95/NT, Schors, Amsterdam (niederländisch)

Video
Contact with the unknown intelligence behind the crop circles – Bert Janssen (PAL-video)
Crop Circles; The Research – Bert Janssen (PAL-video)

Quellen

Zeichnungen der Chakren S. 77: Mariëlle Lens und Claudia van der Sluis
Sonstige Zeichnungen: Mariëlle Lens
Fotos auf S. 57, 58:© IHM research institute (aus *Messages from water*)
Sonstige Fotos: Ronn van Dinther
Rezepte Mittel gegen Kopfschmerzen S. 126, magische Wässerchen S. 132: Claudia van der Sluis
Taufritual Sarah: Jessie und Dirk Joris (Dragao) und Gonneke Kalker (Deliah).
Abschiedsritual: Gonneke Kalker (Deliah).
Rezepte und Informationen zu den magischen und rituellen Rezepten S. 123 (mit Ausnahme von Kyphi): José Zwaneveld

DANKESWORT

Dank an Floris Methorst, Nederlandse vereniging tot Wetenschappelijk Onderzoek van de Astrologie, und Jacob Ruijling, der mir wichtige Literaturhinweise gab und mir einen unvergeßlichen Nachmittag mit bezaubernder Klarinettenmusik und tiefgründigen Gedichten in Spanisch, Deutsch, Französisch und Latein bescherte. Seine Weisheit, seine Tarotlegung und die Chaldäische Astrologie, die er anwendete, haben einen großen Einfluß auf meinen weiteren Lebensweg.

Dank auch an Irina Tudor, Sten Oomen, Janine van Riet, Mara de Weiß, Molaris, Scathach, Iris, Dragao, Jessie, Elisaday und Whiteshadow, die mir mit Rat und Tat, Rezepten, Methoden und Informationen halfen. Das gleiche gilt für Franciska van Soelen und Jolien Ritter. Auch die Ildancher waren dieses mal mit ihren Reimen wieder mit von der Partie, genauso wie mein lieber Freund Walter und der Astrologe Lyke Bagaya. Diana Zijlmans war mir mit ihren weisen Worten über das Medizinrad unverzichtbar. José Zwaneveld, Aromatherapeut, half mir mit Hinweisen über ätherische Öle und verschaffte mir allerlei Hausmittelchen und Rezepte.

Ich danke auch Remco und Hrodger Fréjawin für ihren Beitrag über das Germanische Heidentum und Ronn van Dinther und Gonneke Kalker (Deliah), die gemeinsam die schönen Fotos machten. Gonneke hat darüber hinaus einen maßgeblichen Anteil an diesen Büchern, weil sie so reizend war, mir ihre eigenen, sehr persönlichen Ritualen zu verraten.

Jur war wie immer wieder ein wundervoller Ratgeber. Mit seinem Wissen über Astronomie und Mathematik und seinem Interesse an den Mysterien konnte er mir immer wieder weiterhelfen und mir Feedback geben.

Ein besonderer Dank gilt meinem Verleger für seine Begeisterung, sein Vertrauen und seine Geduld.

Herzlichen Dank Euch allen!

ANMERKUNGEN

1. Bei **paganistischen Festen** unterscheidet man germanische und keltische Feste. Die germanischen Feste fallen auf den Zeitpunkt des Äquinoktiums, der Tag-und-Nachtgleiche, bzw. auf den längsten oder kürzesten Tag. Wegen ihrer Beziehung zur Sonne werden sie auch Feuerfeste genannt. Diese vier Tage betrachtet man noch heute als Beginn einer jeweils neuen Jahreszeit. Die keltischen Feste werden nicht zu bestimmten Zeiten gefeiert, fallen also jeweils durchaus auf unterschiedliche Daten. Signale für den Beginn des Festtages sind hier mehr Veränderungen und Zeichen in der Natur. Heute werden solche Feste von Anhängern der Naturreligionen und von modernen Hexen gefeiert. Man macht aber sehr wohl Unterschiede zwischen wichtigen und weniger wichtigen Festen.

2. Das **Tarot**, welches Sie als eine Art Lebensbuch in Bilder betrachten können, ist in zwei so genannte Arkanas gegliedert. In den Großen Arkana sind die Archetypen des Lebens dargestellt. Diese Archetypen sind uralte, kollektive Bilder, die jeder Mensch kennt wie etwa die Mutter (III - Die Herrscherin) oder den Vater (IV - Der Herrscher), die Waage (VIII - Gerechtigkeit). Die Großen Arkana bestehen aus 22 Karten mit tiefer symbolischer Bedeutung. Die Kleinen Arkana bestehen aus 56 Karten, die tagtägliche Begebenheiten wiedergeben, Situationen, die jeder gut kennt. Das Tragen einer schweren Last beispielsweise (Stäbe 10) oder Spaß haben (Kelche 3). Die Kleinen Arkana gliedern sich in vier Farben, die jeweils ein Element als Baustein unseres irdischen Lebens symbolisieren:
Schwerter (Dolche) – Luft; hier geht es um Gedanken, Entscheidungen, Einsichten.
Stäbe – Feuer; hier geht es um Transformation, Energie, Aktion, Kraft, Lebensfreude, Aggression, Wille, Leidenschaft.
Kelche (Becher, Pokale) – Wasser; hier geht es um Gefühle, Emotionen, Vorstellungen, Phantasie.

Münzen (Pentakel, Scheiben) – Erde; hier geht es um Finanzangelegenheiten, Arbeit, Balance finden, Talente entdecken und entwickeln, Belohnungen.

Prüfen Sie beim Kartenlegen zunächst, wie stark die Energien strömen. Verspüren Sie eher eine nach außen strebende, aktive Energie oder eher eine nach innen wirkende, passive Energie?

Feuer und Luft sind beide beweglich, also aktiv. Sie können geradezu die flackernden Flammen vor sich sehen oder die Wolken, die vom Wind getrieben werden. Erde liegt still da und Wasser versickert im Boden, beide sind passiv.

3. Es ist nicht immer nötig, einen **Kreis** zu ziehen, erst recht nicht, bei einfachen rituellen Handlungen. Prüfen Sie sich selbst, ob Sie bei einem bestimmten Ritual ein Schutzbedürfnis haben. Wenn Sie sich beispielsweise auf eine andere Bewußtseinsebene begeben, ist es sicherer, einen Kreis zu ziehen. Diesen können Sie sich wie eine schützende Kugel um sich herum vorstellen. Ziehen Sie den Kreis mit dem Zeigefinger im Uhrzeigersinn und visualisieren Sie, daß nichts und niemand ohne Ihre Zustimmung diesen Kreis betreten darf. Wenn Sie Ihr Ritual beendet haben, heben Sie den Kreis in umgekehrter Richtung wieder auf.

Claudia van der Sluis

DAS MAGISCHE BUCH VOM MOND

ISBN 90-6361-011-4

Claudia van der Sluis

ALTE TRADITIONEN MODERNE HEXEN

ISBN 90 76274-19-3

Claudia van der Sluis

DIE VIER ELEMENTE

Kräfte und Eigenschaften der vier Elemente

ISBN 90 6361-018-1

ISBN 90 6361-020-3

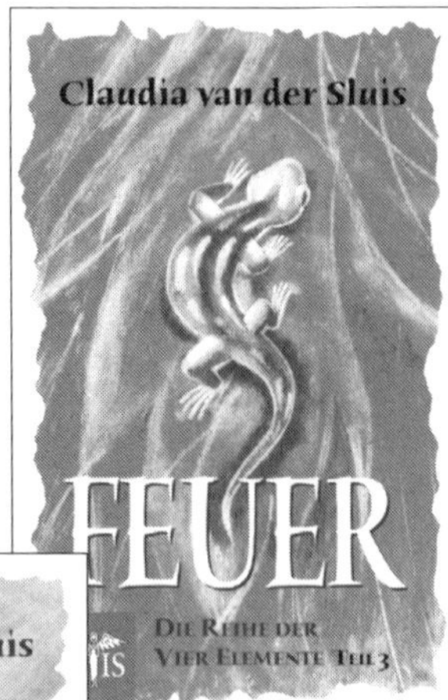

ISBN 90 6361-021-1